1천만 원으로 하는 토지 투자

1천만 원으로 하는
토지 투자

단기 토지 투자의 모든 것

김용남 지음

두드림미디어

토지 투자 방법을 알게 되었다

필자의 나이가 40대 후반에 접어들었다. 대학생 큰아들과 고등학교 2학년 작은아들이 있다. 토지 투자를 시작한 지는 어느덧 22년째가 되었다. 그동안 정말 많은 토지를 매입했고 많은 토지를 매도해왔다. 물론 토지 투자를 통해 많은 돈을 벌게 된 것은 사실이지만, 늘 무언가를 사야만 했고 늘 무언가를 팔아야만 했다. 예상한 기간 안에 팔지 못하면 대출이자에 대한 부담으로 하루하루를 지옥 같이 보내야만 했던 것 같다. 팔지 못해 이자 부담에 시달렸던 그 시간이 너무 고통스럽고, 힘이 들었다. 그래서 생각하기 시작했다. 과연 어떻게 토지 투자를 해야만 이 고통에서 벗어날 수 있고 마음 편안한 투자를 할 수 있을지를 말이다.

오랜 시간이 지나 나는 알게 된 것 같다. 바로 대출을 받지 않는 것이다. 그렇게 하면 내가 예상한 기간 안에 매도되지 않아도 대출이자에 대한 부담은 갖지 않을 것이다. 하지만 문제는 땅값이 너무 많이 올랐다는 것이다. 토지 가격이 너무 높다 보니 어쩔 수 없이 대출을 받아야 하는 상황이었다. 대출을 받았음에도 불구하고 꽤 많은 현금이 들어가다 보니 매입할 수 있는 토지가 그리 많지 않게 되었다. 정답은 대출을 받지 않으면 된다는 것을 알고 있음에도 대출을 받아야 하는 상황이 되다 보니 다른 방법을 생각하게 되었다.

고민 끝에 대출을 안 받을 수 있는 길이 공동투자라는 것을 깨닫게 되었다. 토지에 뜻이 있는 사람들이 모여 함께 투자할 수 있다면, 무조건 이기는 투자를 할 수 있게 될 것이라는 생각을 하게 된 것이다. 예상한 기간 안에 매도되면 좋은 일이지만, 만약 그렇게 되지 않아도 대출이자에 대한 부담은 없었다. 그러므로 매도되는 시점은 알지 못하더라도 무조건 수익을 바라보는 투자가 될 수 있었다.

하지만 문제는 공동투자를 한다는 것이 그리 쉬운 일이 아니라는 것이다. 서로서로 알지 못하는 불특정 다수가 함께 투자해야 한다는 것이 실무상에서는 쉽지 않다는 것을 모두가 잘 알고 있다. 서로가 생각이 다를 수 있기 때문에 공동투자한 물건이 산으로 갈 수 있다는 것도 잘 알고 있다. 하지만 앞으로 토지 가격이 더욱더 올라갈 것이라고 예상한다면, 이제는 더 이상 공동투자를 미룰 수는 없다.

이에 함께 토지 공동투자를 하는 네이버 카페, 막강토지군단(https://cafe.naver.com/yong231)을 소개하려고 한다. 투자금 대비 수익률을 기대할 수 있고, 막강토지군단에서 공동투자를 할 수 있는 등급을 가입비를 내야 공동투자가 가능하게 해놓았기에 토지에 뜻이 있는 사람들이 자연스레 구분되어 있다. 서로서로 잘 알아야 투자할 수 있고 이기는 투자가 가능하게 할 수 있다는 생각에 이 책을 집필하게 되었다. 이 책을 통해 토지에 대출 없이 공동투자한다는 것이 얼마나 좋은 시스템인지를 설명할 것이다.

빠른 시간 안에 높은 값을 받고 매도하려면, 토지를 매입해 개발해놓으면 된다. 그렇게 되면 우리는 더 많은 수익을 기대할 수 있게 될 것이다. 나는 개발행위허가의 전문가다. 지금까지의 개발행위허가 경험이 수십 번에 달할 정도로 대한민국에서는 최고의 개발행위허가 전문가라 해도 무방할 것이다. 이 책에서는 내가 22년 동안 토지를 매입하고 매도하면서 진행했던 개발행위허가의 경험을 공유할 것이다. 그 사례들이 개발행위허가의 문제를 겪고 있는 많은 사람에게 보탬이 되기를 바란다.

또한, 토지 개발로 공동투자를 진행하는 것이 이 토지 투자의 시장에서 정답이 될 수밖에 없음을 설명할 것이다. 이 책을 읽으면서 토지 개발로 공동투자하는 것이 얼마나 대단한 일인지를 알게 되길 바라고, 네이버 카페, 막강토지군단에서 함께 투자해나가기를 바라는 마음이다.

그리고 한 가지 더 나아가서 토지 개발로 공동투자를 하면서 우리가 만들 결과물이 토지 투자로 수익을 예상할 수 있게 만들게 된다면, 그 토지를 매입할 매수자들은 넘쳐나게 될 것이다. 어서 빨리 토지에 뜻이 있는 많은 사람이 막강토지군단과 함께 하길 바라는 마음이다.

이 책을 다 읽은 당신은 토지 투자에 있어 토지 개발 공동투자가 얼마나 대단한 시스템인지를 알게 될 것이다.

김용남

CONTENTS

CHAPTER 3 | 나는 개발행위허가 전문가다

CONTENTS

CHAPTER 4 | 토지 투자 실전

CHAPTER 5 | 1천만 원으로 하는 토지 투자

CHAPTER

1

토지 투자를 위한 마인드 컨트롤

토지 시장은 금리에 반응한다

지난 22년 동안 토지 시장에 있으면서 보합세와 활황일 때, 그리고 최악일 때를 모두 경험한 듯하다. 그 순간이 지나가고 있을 때는 느끼지 못했지만, 지금은 무엇이 이 시장 분위기를 결정하는지를 알게 되었다. 물론 나만의 생각이지만, 생각하면 할수록 더욱더 확실해지는 것 같다. 그것은 바로 금리인 듯하다.

먼저 토지 시장이 활황일 때, 자고 일어나면 토지 가격이 오르던 시절에는 초저금리였던 것을 기억한다. 아마도 2021년에서 2022년 말까지였던 듯하다. 그때는 정말 하루가 다르게 토지 가격이 올랐던 것 같다. 은행에서도 대출을 더 못 해줘서 안달이었고, 대출을 안 끼고 토지를 사는 사람들을 바보라고 할 정도로 유동성이 풍부했던 시장이었다.

그런데 얼마 지나지 않아 금리는 올라가기 시작했고 대한민국 경제는 얼어붙기 시작했다. 거래 자체가 실종되는 상황까지 다다른 것이다. 이렇게 금리가 높아지자 모든 부동산 시장은 물론 토지 시장에도 커다란 악재로 작용했다.

그리고 마지막으로 오랜 기간 토지 시장이 보합세를 지키고 있을 때는 높은 금리를 유지하고 있을 때라는 것이다. 토지 개발을 진행하면서 나는 7%의 금리를 사용해서 개발한 적이 있다. 그때 상황을 생각해보면 개발은 다 해놓았는데, 매수할 매수자를 찾지 못해 수년 동안 팔지 못했다. 정말 매달 다가오는 대출이자에 대한 부담으로 하루하루를 살아갔던 것으로 기억한다.

여러 가지 정황을 따져봤을 때 토지 시장은 금리에 민감하게 반응하는 것 같다. 어디까지나 나의 생각이지만 금리의 높고 낮음이 분명 토지 시장에 영향이 있다는 것은 사실인 듯하다. 2024년 말 금리가 낮아질 것을 예상한다.

그렇다면 이제 토지 시장은 어떻게 될까? 나의 추측이 맞다면 2024년 말, 토지 시장이 활황을 맞이할 것으로 예상한다. 물론 시장의 상황은 지켜봐야 할 것이다. 주택 시장의 상황을 예측하는 전문가들은 많이 있다. 하지만 토지 시장을 예상하는 전문가들이 그리 많지 않기에 상대적으로 토지 시장을 섣불리 예상할 수는 없다. 하지만 이미 토지 시장에서 22년 동안 몸담았던 경험으로 조심스럽게 예측해본다. 금리가 낮아진다면, 2024년 말부터 토지 시장은 활황을 맞이하게 될 것이다.

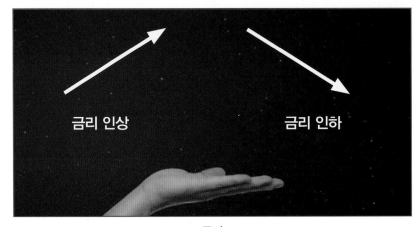

금리

(출처 : 저자 제공)

매수, 매도 타이밍이 중요하다

타이밍

(출처 : 저자 제공)

어디까지나 필자의 생각이지만 금리의 높고 낮음이 토지 시장의 패러다임을 가지고 온다고 했을 때, 금리의 높고 낮음으로 매수 타이밍과 매도 타이밍을 예상할 수 있다. 부동산을 매입하고 매도할 때는 타이밍이 가장 큰 판단요인이 된다. 물론 필자의 생각에 완전히 동의할 수 없다고 하더라도, 상식적으로 생각할 때 금리의 높고 낮음은 매매의 중요한 신호가 된다는 것을 부정하진 못할 것이다.

금리가 높을 때를 생각한다면 수입보다 지출이 많은 상황에서 시장이 힘들어질 것이 당연하다. 이 시기에 투자를 진행할 수 있는 사람은 그리 많지 않을 것이다. 반대로 금리가 낮아져서 수입이 지출보다 많은 상황일 때는 당연히 투자를 생각하는 사람들이 많아질 것이라는 이야기다. 금리가 절대적인 판단의 기준이 되지는 못할지라도 부동산의 매입과 매도를 결정하는 데는 아주 중요한 판단요인이 될 것이다. 그렇다면 우리는 어떻게 행동할까를 생각해볼 필요가 있다.

지금처럼 고금리를 유지하는 상황에서 부동산을 매도해야 할까? 아니면 매수해야 할까? 일단 매수하는 데는 더 많은 것들을 고려해야 한다. 중요한 것은 이 시기에 부동산을 매도한다고 한다면 제값을 받기는 물 건너간 상황이 될 것이다.

이 생각을 한 사람이라면 현명하게 행동했을 것이지만, 안타깝게도 생각하지 못하고 행동에 옮긴 사람들이 있을 것이다. 물론 여러 가지 상황으로 그런 판단을 내리고 행동했을 것이라고 생각한다. 하지만 '이렇게 행동했기에 후회가 생기는 것은 아닐까?'라는 생각이 든다. 이렇듯 부동산 투자에 있어서 매수 타이밍과 매도 타이밍을 판단하는 것은 아주 중요한 일이다.

원형지를 매입해 그대로 매도하는 것은 장기 투자다

함께 생각을 해보자. 토지를 매입할 때 그 토지의 상태는 논이었다고 가정해보자. 그런데 시간이 지나 매도할 때도 그 토지의 상태가 논이라면 과연 비싼 값을 받을 수 있을까? 물론 그럴 수도 있겠지만 통상적으로 높은 가격을 예상하기는 쉽지 않을 것이다. 그런데 토지 투자를 하는 많은 사람이 이런 식의 투자를 하고 있다. 물론 이런 투자 방법만을 생각하고 있는 사람들도 많이 있을 것이다.

하지만 정확하게 알아야 하는 것은 이런 방식의 투자 형태는 장기 투자라는 것이다. 많은 사람은 단기 투자가 투기라고 생각하는 것이 보통인데, 나는 장기 투자가 투기라고 생각하는 사람이다. '사두면 어떻게든 되겠지'라는 마음으로 토지를 매입했다면 이는 장기 투자 방식이고 투자가 아닌 투기를 했다고 생각하는 것이다.

말 그대로 '길이 뚫리면 대박 날 것이고 길이 뚫리지 않으면 쪽박을 찰 것이다'라고 생각하며 한 투자. 이것이 장기 투자이고, 도박에 가까운 투자이니 투기를 했다는 것이다.

많은 사람은 토지에 투자하면 어떻게 해야 할지 막막해한다. 어떻게 보면 경쟁이 치열한 이 대한민국 사회에서 실력만 있다면 경쟁이 덜한 이 토지 시장에서 쉽게 수익을 얻을 수 있다. 그렇다면 한번 도전할 가치가 있다고 생각해야 하지 않을까? 무슨 일을 하든지 간에 경쟁에서 이겨야 수익을 얻을 수 있는 상황이라면 이 토지 시장에서 단기차익을 할 수 있는 방법을 연구해 그렇게 실행할 수 있다면 엄청 가치 있는 일이 되지는 않을까?

토지 시장에서 단기 투자를 할 수 있다는 것. 그 자체가 당신을 차별화된 사람으로 만들어줄 수 있다. 단기 토지 투자 방법을 연구하고 수익까지 얻을 수 있다면 당신은 부로 가는 길에 서 있다고 해도 과언이 아닐 것이다.

부자로 가는 길

(출처 : pixabay.com)

토지 투자는 상상할 수 있어야 한다

토지의 값이 오르는 이유는 그 토지를 이용해 건물을 짓기 위해서다. 그 토지 위에 여러 가지 건축물을 지을 수 있다면, 그 땅을 갖고 싶어 하는 사람들이 많아질 것이다. 그 땅을 가지려고 하는 사람들이 많아질수록 가격은 오르게 될 것이라는 이야기다.

이를 반대로 생각해보면, 어떤 토지가 어떤 건물들을 지을 수 있는지 여부에 따라 그 토지의 가격이 결정된다고 할 수 있다. 토지는 자체적으로 어떠한 건물들을 지을 수 있는지가 정해져 있다. 그런데 토지 전문가라고 한다면 어떤 토지를 봤을 때, 그 토지가 어떤 건물을 지을 수 있는지 판단할 수 있어야 한다. 이런 점에서 토지에 투자하는 사람들은 상상할 수 있어야 한다.

내가 사려고 하는 토지에 어떤 건물을 짓게 될지를 상상하는 것도 중요한 일이 되겠지만, 내가 이야기하는 것은 그 토지 주변의 상황을 상상할 수 있어야 한다는 것이다.

내 땅은 용도지역상 계획 관리지역이지만 내 땅을 제외하고 주변이 모두 생산관리지역이라고 생각해보자. 그렇다면 미래의 모습은 어떤 모습일까? 계획관리지역에는 공장을 지을 수 있지만, 생산관리지역에서는 공장을 지을 수 없다. 내 땅에 공장을 짓게 되었을 때, 내 주변이 모두 주택뿐이라면 주택을 지은 소유자들은 내가 공장 짓는 것을 좋아하지 않을 것이 뻔하다. 이러한 이유로 내 땅은 공장을 지으려는 사람들에게는 좋지 않은 땅이 될 것이다.

이를 판단할 수 있다면 그 토지의 가치를 정확히 파악할 수 있게 될 것이다. 이렇게 토지를 매입하기 전, 미리 들어올 미래의 모습을 상상하면 현재의 토지 가치를 정확히 판단할 수 있게 된다. 그렇기 때문에 미래를 상상하는 것은 토지 투자에서 굉장히 중요한 수단이 된다.

상상

토지 투자는 외진 곳에서 하는 것이다

토지 중개를 한창 하고 있던 지난 시절. 나는 네모반듯한 모양과 용도지역이 좋고 건폐율 또한 훌륭한 토지를 찾게 되면, 땅을 보기 위해 내려온 서울 손님들을 자주 모시고 임장을 하곤 했다. 너무나도 훌륭한 조건을 가지고 있고, 메리트가 있는 금액이었기에 보여주면서 늘 생각했다. '토지를 보게 되면 너무 맘에 들어 할 거라고 말이다.' 하지만 땅을 본 서울 손님들은 하나 같이 이런 말을 했다.

"땅은 너무 좋은데 좀 외진 거 같아요"라고 말이다.

이런 말을 들을 때마다 온몸에 힘이 빠지고 욕밖에 나오지 않았다. 겉으로 욕을 할 수는 없었기에 속으로 이런 욕을 한 듯하다.

'그럼 당연히 외진 곳에 투자하지. 그럼 번화가에 투자할까? 여기서 나 피

곤하게 만들지 말고 서울 가서 땅 사든지. 거기는 외지지 않았으니까.'

너무 한심하고 답답한 이야기를 한다. 지금은 외졌으니까 그 가격에 땅을 팔지, 지금 현재 유동인구가 많으면 그 가격에 매도할 수 있겠는가. 정말 욕이 나오는 상황인 것이다. 처음이라 토지 투자를 잘 모르면 솔직히 잘 모른다고 할 것이지, 어디서 다 좋은데 외졌다는 말을 하는지 도무지 이해할 수가 없다. 그럴 거면 그냥 아파트 투자나 하라고 말하고 싶다.

이 책을 읽고 있는 많은 사람에게 이야기하고 싶다. 토지를 보러 가서 중개사한테 다 좋은데 너무 외졌다고 이야기하지 말자. 여러 사람 힘 빠지게 하는 말이라는 것을 정확히 인지했으면 좋겠다.

외진 곳

(출처 : pixabay.com)

단기 투자는 현재 상황만을 보고 판단한다

"예정도로가 잡혀 있다."

"조만간 산업단지가 들어올 듯하다."

이런 말을 듣고 토지에 투자하는 것은 토지 투자를 장기 투자의 수단으로 이용할 때 하는 말이다. 내가 자주 하는 말이지만 토지 투자는 정책을 보고 하는 것이 아니다. 매입한 토지를 비교적 빠른 기간 안에 매도하려는 사람이라면 그 토지가 현재 몇 m 도로를 물고 있는지, 토지 모양은 어떤지, 배수로는 있는지 없는지, 있다면 어디쯤 있는지, 경사도나 높고 낮음이 어떤지, 허가는 날 수 있는지, 날 수 있다면 기간은 얼마나 걸리는지 등을 살펴야 한다.

현재의 모습을 정확히 판단하는 것은 토지를 단기 투자하려는 사람들은 살펴봐야 한다. 실제로 필자는 "도로가 날 것이다" 또는 "이 근처에 산업단지가 들어올 것이다"라는 말을 듣고 투자한 사람들을 많이 만나곤 했다. 길이 난다는 소리를 듣고 5년 전에 투자해놓았지만 아직도 도로가 나지 않은 곳이 많았으며, 어떨 때는 그 예정도로가 취소되어버린 경우도 있었다. 그렇다 보니 땅값이 오르지도 않는 경우와 오히려 떨어져 있는 상황을 보게 된 것이다.

이 이후부터 나는 정책을 믿는 투자는 하지 않게 되었다. 토지를 매입해서 비교적 빠른 기간 안에 매도하려는 사람이라면, 토지를 매입할 때 현재 상황만을 보고 매입 여부를 결정해야 할 것이다.

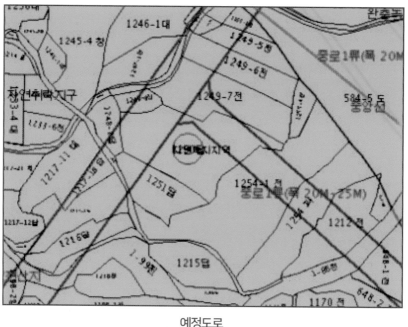

예정도로

(출처 : 저자 제공)

토지 투자는 그 토지의 성격을 알아야 한다

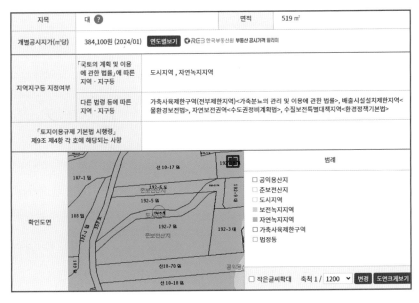

지목	대 ❓			면적	519 ㎡
개별공시지가(㎡당)	384,100원 (2024/01) 연도별보기 ⓡREB 한국부동산원 부동산공시가격 알리미				
지역지구등 지정여부	「국토의 계획 및 이용에 관한 법률」에 따른 지역·지구등	도시지역 , 자연녹지지역			
	다른 법령 등에 따른 지역·지구등	가축사육제한구역(전부제한지역)<가축분뇨의 관리 및 이용에 관한 법률>, 배출시설설치제한지역<물환경보전법>, 자연보전권역<수도권정비계획법>, 수질보전특별대책지역<환경정책기본법>			
「토지이용규제 기본법 시행령」 제9조 제4항 각 호에 해당되는 사항					

범례
- ☐ 공익용산지
- ☐ 준보전산지
- ☐ 도시지역
- ☐ 보전녹지지역
- ☐ 자연녹지지역
- ☐ 가축사육제한구역
- ☐ 법정동

☐ 작은글씨확대 축척 1 / 1200 ▾ 변경 도면크게보기

토지이용계획확인서 1

(출처 : 토지이음)

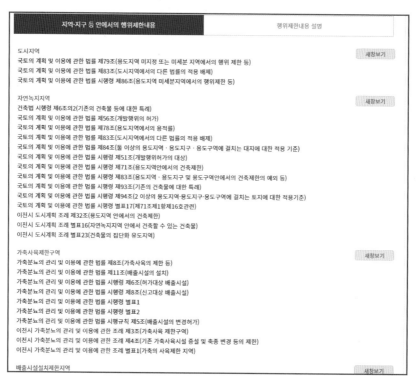

지역·지구 등 안에서의 행위제한내용	행위제한내용 설명

도시지역
국토의 계획 및 이용에 관한 법률 제79조(용도지역 미지정 또는 미세분 지역에서의 행위 제한 등)
국토의 계획 및 이용에 관한 법률 제83조(도시지역에서의 다른 법률의 적용 배제)
국토의 계획 및 이용에 관한 법률 시행령 제86조(용도지역 미세분지역에서의 행위제한 등)
새창보기

자연녹지지역
건축법 시행령 제6조의2(기존의 건축물 등에 대한 특례)
국토의 계획 및 이용에 관한 법률 제56조(개발행위의 허가)
국토의 계획 및 이용에 관한 법률 제78조(용도지역에서의 용적률)
국토의 계획 및 이용에 관한 법률 제83조(도시지역에서의 다른 법률의 적용 배제)
국토의 계획 및 이용에 관한 법률 제84조(둘 이상의 용도지역 · 용도지구 · 용도구역에 걸치는 대지에 대한 적용 기준)
국토의 계획 및 이용에 관한 법률 시행령 제51조(개발행위허가의 대상)
국토의 계획 및 이용에 관한 법률 시행령 제71조(용도지역안에서의 건축제한)
국토의 계획 및 이용에 관한 법률 시행령 제83조(용도지역 · 용도지구 및 용도구역안에서의 건축제한의 예외 등)
국토의 계획 및 이용에 관한 법률 시행령 제93조(기존의 건축물에 대한 특례)
국토의 계획 및 이용에 관한 법률 시행령 제94조(2 이상의 용도지역·용도지구·용도구역에 걸치는 토지에 대한 적용기준)
국토의 계획 및 이용에 관한 법률 시행령 별표17(제71조제1항제16호관련)
이천시 도시계획 조례 제32조(용도지역 안에서의 건축제한)
이천시 도시계획 조례 별표16(자연녹지지역 안에서 건축할 수 있는 건축물)
이천시 도시계획 조례 별표23(건축물의 집단화 유도지역)
새창보기

가축사육제한구역
가축분뇨의 관리 및 이용에 관한 법률 제8조(가축사육의 제한 등)
가축분뇨의 관리 및 이용에 관한 법률 제11조(배출시설의 설치)
가축분뇨의 관리 및 이용에 관한 법률 시행령 제6조(허가대상 배출시설)
가축분뇨의 관리 및 이용에 관한 법률 시행령 제8조(신고대상 배출시설)
가축분뇨의 관리 및 이용에 관한 법률 시행령 별표1
가축분뇨의 관리 및 이용에 관한 법률 시행령 별표2
가축분뇨의 관리 및 이용에 관한 법률 시행규칙 제5조(배출시설의 변경허가)
이천시 가축분뇨의 관리 및 이용에 관한 조례 제3조(가축사육 제한구역)
이천시 가축분뇨의 관리 및 이용에 관한 조례 제4조(기존 가축사육시설 증설 및 축종 변경 등의 제한)
이천시 가축분뇨의 관리 및 이용에 관한 조례 별표1(가축의 사육제한 지역)
새창보기

배출시설설치제한지역
새창보기

토지이용계획확인서 2

(출처 : 토지이음)

이 서류는 토지이용계획확인서다. 해당 토지의 특징을 설명하고 있다고
생각하면 될 것이다. 토지를 투자하기 위해서는 해당 토지가 어떠한 성격을
가졌는지를 파악해야 한다. 먼저 서류상으로 지목이 무엇인지, 용도지역이
무엇인지, 해당 용도지역에 따른 건폐율과 용적률, 본 토지에 지을 수 있는
건축물과 지을 수 없는 건축물이 무엇인지 등 해당 토지가 가지고 있는 특
성을 파악할 수 있다.

네이버 검색 창에 토지이음(www.eum.go.kr)이라고 검색하면 사이트에 접
속할 수 있다.

토지 투자는 수익이 생겨야 한다

시대가 지나면서 토지에 투자하는 것은 많은 변화를 가져왔다. 옛날에는 토지 가격이 상대적으로 그리 높지 않은 것이 사실이었다. 그 때문에 토지에 투자해서 바로 수익이 발생하지 않고 지출만 있는 상황에도 지출의 규모가 상대적으로 크지 않았기에 버틸 수 있었다.

하지만 지금은 그렇지 않다. 토지 가격이 올라가면서 토지를 매입하는 데 있어 많은 대출을 얻어야만 하고, 매입하자마자 비교적 크나큰 지출이 이루어진다. 그러다 보니 대출이자에 대한 부담으로 토지를 매입하지 않기 시작했다.

이제 토지라는 상품이 지출만 생기는 상품이 되어서는 안 된다. 그렇게 되면 아무 소득도 기대할 수 없는 상품이 될 것이기에, 대출이자를 감당하며 투자에 임할 사람들은 그리 많지 않을 것이다. 하지만 매입한 토지에서 대출이자를 충당하고도 수익이 남을 수 있다면 토지에 투자하는 사람들은 많아질 것이다.

그렇다면 토지라는 상품을 어떻게 수익성 상품으로 만들 수 있을까? 오랫동안 이 문제를 안고 고민했다. 그 고민 끝에 답을 얻게 된 듯하다. 먼저 토지 개발로 건물을 지을 수 있게 개발행위허가를 득해야 하고, 그 토지 위에 건물을 지어 임대상품이나 파티룸 등의 영업으로 수익성 상품을 만들어야 하는 것이다.

먼저 임대상품이라는 것은 원룸과 투룸과 같은 주거용 건물의 임대일 것이다. 요즘 다가구 건물의 단점이라고 한다면 주차공간 부족이라고 할 수 있다. 주차공간이 너무 열악하다 보니 원룸, 투룸에 거주한다 해도 주차할 공간이 없어 엄청난 스트레스를 받는 것이 현실이다. 이 점을 이용해서 작은 땅에 투룸 정도를 지어 임대하게 된다면, 다가구 건물의 공간보다 넓은 공간을 이용할 수 있다. 또한, 나만의 주차장 시설이 갖추어져 있기 때문에 다가구 건물의 투룸보다 같거나 많은 임대수익을 기대할 수 있을 것이다. 그렇게 되면 대출이자를 커버하거나 그 이상의 수익을 얻을 수 있게 된다. 토지에 투자해서 아무런 수입도 기대할 수 없었던 옛날 상황과는 많이 달라지는 것이다. 그렇다면 토지에 투자하는 사람들은 당연히 많아질 것이다. 부동산 투자자들이 앞다투어 토지에 투자하게 되지 않을까?

더 나아가 정확한 콘셉트를 잡아 파티룸으로 이용해 수익을 얻게 되면 토지에 투자하고도 꽤 많은 수익을 기대할 수 있다. 이렇게 토지를 수익성 상품으로 만들게 된다면 토지 투자에 대한 희망은 엄청날 것으로 생각한다.

CHAPTER

2

토지 시장의 기본구조

비사업용 토지란 무엇인가?

비사업용 토지란 투기 목적으로 매입했다고 인정되는 토지에 대해서 양도세를 중과하겠다는 것이다.

비사업용 토지에 해당하지 않는 사업용 토지의 기준을 살펴보면 다음과 같다.

1. 농지
- 농지 소재지에 거주하면서 직접 경작(또는 연접한 시·군·구 거주)
- 해당 농지가 도시지역(특·광·시 지역 중 주거·상업·공업지역)의 농지가 아닐 것

2. 임야
- 임야 소재지와 동일한 시·군·구 거주(또는 연접한 시·군·구 거주)

- 해당 임야로부터 직선거리 30km 이내에 거주

3. 목장용지
- 양도자가 당해 목장용지를 일정기간 이상 축산업에 사용한 경우
- 기준 면적을 초과하지 않는 경우
- 당해 목장용지가 도시지역 내에 소재하지 않는 경우

4. 주택의 부속 토지인 경우
- 기간 기준에 해당하는 동안 주택의 정착면적에 적용배율을 곱한 기준 면적 이내의 토지에 해당하는 경우

5. 별장건물 그 부속 토지
- 별장에서 제외되는 농어촌주택 및 그 부속 토지인지를 검토
* 별장에서 제외되는 농어촌주택 및 그 부속 토지의 요건
- 광역시와 수도권(연천군, 옹진군 제외)을 제외한 읍/면 지역에 소재할 것
- 국토계획법상 도시지역과 허가구역이 아닐 것
- 소득세법 제10조의 2 제1항 규정에 의한 투기지역에 소재하지 않을 것
- 관광진흥법에 의한 관광단지가 아닐 것

6. 그 외 기타 토지의 경우(나대지, 잡종지)
- 농지 등 이외의 기타 토지의 경우에는 일정기간 이상 지방세법 또는 관계 법령의 규정에 따라 재산세가 비과세되거나 면제되는 토지로 본다.

- 지방세법 제182조 제1항 및 3호의 규정에 따른 재산세 별도합산 또는 분리과세 대상 토지는 사업용 토지, 종합합산인 경우 비사업용 토지
- 단, 재산세 종합합산대상 토지이나 토지의 이용 상황, 관계 법령의 의무이행 여부, 수입금액 등을 감안해 거주 또는 사업과 관련이 있다고 인정되는 토지는 사업용 토지다.

토지 과세대상의 3가지 분류

토지는 재산세와 종합부동산세를 걷기 위한 기준으로 3가지로 분류된다. 토지의 3가지 과세대상 분류는 다음과 같다.

과세대상		세부 적용 기준	기타
분리과세	0.07% 저율	농지 목장용지 특정한 임야	기준면적 이내 기준면적 이내
	0.2% 저율	공장용지(읍, 면, 산단, 공업지역 등) 공익 목적의 토지	기준면적 이내
	4% 고율	골프장용 고급 오락장(도박장, 특수목욕장)	
별도합산	(영업용 토지)	영업용 건축물의 부속토지 시의 산단, 공업지역 외 공장용지 차고, 자동차운전학원용 토지 등	기준면적 이내
종합합산		나대지, 잡종지 등 비사업용 토지 기준면적을 초과하는 토지	

재산세 과세 대상

(출처 : easylaw.go.kr)

토지의 재산세와 종합부동산세

3가지 과세대상으로 분류한 토지 재산세는 매년 9월 부과하게 된다. 자신이 보유한 토지의 과세대상에 따라 재산세가 부과되는 것이니 참고해서 납부하기 바란다.

토지를 보유하는 보유세에는 재산세와 종합부동산세가 있다. 종합부동산세의 과세대상은 주택과 토지다. 토지에 대해서는 앞서 살펴본 것과 같이 3가지 과세대상 토지로 분류해 별도 합산대상 토지와 종합 합산대상 토지에만 종합부동산세를 부과한다. 종합부동산세를 납부하는 시기는 매년 6월 1일을 과세 기준일로 정하고 매년 12월에 종합부동산세를 납부한다.

토지의 취득세

구분		취득세	농어촌특별세	지방교육세	합계
농지 외 토지		4.0%	0.2%	0.4%	**4.6%**
농지 (전, 답, 과수원)	일반	3.0%	0.2%	0.2%	**3.4%**
	2년 이상 자경/귀농인	1.5%	–	0.1%	**1.6%**
	상속	2.3%	0.2%	0.06%	2.56%
	증여	3.5%	0.2%	0.3%	4.0%

토지의 취득세

(출처 : easylaw.go.kr)

개발행위허가를 선행해서 농지를 취득하게 되면 농사를 지을 목적으로 농지를 취득하는 것이 아니기 때문에 대지와 같은 성격의 토지를 취득한 것으로 본다. 따라서 4.6%의 취득세를 납부하게 된다.

토지의 양도소득세

구분		사업용 토지	비사업용 토지
보유기간	1년 미만	50%	50%
			기본세율+10%
	2년 미만	40%	40%
			기본세율+10%
	2년 이상	기본세율(6~45%)	기본세율+10%

토지의 양도소득세

(출처 : easylaw.go.kr)

토지 양도소득세 - 사업용 토지

양도차익-장기보유특별공제-기본공제 250만 원=과세표준
(과세표준×세율) - 누진공제 = 양도소득세

과세표준 구간	세율	누진공제
1,200만 원 이하	6%	없음.
1,200만~4,600만 원 이하	15%	108만 원
4,600만~8,800만 원 이하	24%	522만 원
8,800만~1억 5,000만 원 이하	35%	1,490만 원
1억 5,000만~3억 원 이하	38%	1,940만 원
3억~5억 원 이하	40%	2,540만 원
5억~10억 원 이하	42%	3,540만 원
10억 원 초과	45%	6,540만 원

양도소득세율(기본세율)

보유기간	장기보유 특별공제
3년 이상	6%
4년 이상	8%
5년 이상	10%
6년 이상	12%
7년 이상	14%
8년 이상	16%
9년 이상	18%
10년 이상	20%
11년 이상	22%
12년 이상	24%
13년 이상	26%
14년 이상	28%
15년 이상	30%

장기보유특별공제

토지의 양도소득세 2

(출처 : 저자 작성)

토지 양도소득세 - 비사업용 토지

양도차익-장기보유특별공제-기본공제 250만 원=과세표준
→ (과세표준×세율)-누진공제=양도소득세

과세표준 구간	세율	누진공제
1,200만 원 이하	6%	없음.
1,200만~4,600만 원 이하	15%	108만 원
4,600만~8,800만 원 이하	24%	522만 원
8,800만~1억 5,000만 원 이하	35%	1,490만 원
1억 5,000만~3억 원 이하	38%	1,940만 원
3억~5억 원 이하	40%	2,540만 원
5억~10억 원 이하	42%	3,540만 원
10억 원 초과	45%	6,540만 원

양도소득세율(기본세율) + *중과세율 10%

보유기간	장기보유 특별공제
3년 이상	6%
4년 이상	8%
5년 이상	10%
6년 이상	12%
7년 이상	14%
8년 이상	16%
9년 이상	18%
10년 이상	20%
11년 이상	22%
12년 이상	24%
13년 이상	26%
14년 이상	28%
15년 이상	30%

일반 장기보유특별공제

토지의 양도소득세 3

(출처 : 저자 작성)

토지의 법인세

소득 종류 / 법인 종류	각 사업연도 소득			청산 소득		
	과세표준	세율	누진공제	과세표준	세율	누진공제
영리 법인	2억 원 이하	9%	–	2억 원 이하	9%	–
	2억 원 초과 200억 원 이하	19%	2,000만 원	2억 원 초과 200억 원 이하	19%	2,000만 원
	200억 원 초과 3,000억 원 이하	21%	42,000만 원	200억 원 초과 3,000억 원 이하	21%	42,000만 원
	3,000억 원 초과	24%	942,000만 원	3,000억 원 초과	24%	942,000만 원
비영리 법인	2억 원 이하	9%	–			
	2억 원 초과 200억 원 이하	19%	2,000만 원	–	–	–
	200억 원 초과 3,000억 원 이하	21%	42,000만 원			
	3,000억 원 초과	24%	942,000만 원			
조합법인 (조특법§ 72 적용)	20억 원 이하	9%	–	–	–	–
	20억 원 초과	12%	6,000만 원			

법인세율

(출처 : 저자 작성)

※ 비사업용 토지일 경우 +10% 중과됨.

부지조성을 위해 필요한 것이 개발행위허가다

앞서 토지 시장의 세금구조를 파악했다. 토지를 취득할 때 내는 취득세와 보유할 때 내는 보유세, 그리고 토지를 매도할 때 내는 양도소득세와 법인 투자 시 발생하는 법인세까지 살펴봤다.

내가 내야 하는 세금 등을 정확히 파악했다면, 이제는 토지를 매입해 빠른 기간 안에 비싸게 팔아야 한다. 앞서 이야기했듯이 원형지를 원형지 그대로 매도한다면 큰 수익을 기대할 수 없다. 큰 수익을 내려면 토지를 매입해 부지조성을 해야 하는 것이다. 토목공사를 진행해서 논이나 밭, 그리고 임야 등을 도로와 편평하게 만들어야 한다. 그래야만 빠른 기간 안에 높은 값을 받고 매도할 수 있다.

지난 22년 동안 필자는 수많은 토지를 매입해 토목공사를 진행했다. 그렇게 도로와 편평하게 만들어서 비싼 값에 그리고 빠른 시간 안에 매도해왔던 것이다.

토지를 매입해 원형지를 도로와 편평하게 토목공사를 할 수 있는 것은 개발행위허가라는 것을 받았기 때문이다. 그런데 이 개발행위허가라는 것이 쉽게 받을 수 있는 것이 아니다. 토지를 매입할 때 이 토지가 개발행위허가를 득할 수 있는지 없는지를 파악하는 것은 토지 투자의 전부라고 이야기해도 과언이 아닐 것이다.

필자는 그동안 원형지를 매입해 개발행위허가를 득하고 토목공사를 마친 뒤 비교적 높은 값에 토지를 매도했다. 이제부터 그동안 겪어왔던 개발행위허가 과정을 이야기하려 한다. 어떤 토지 투자자도 이야기할 수 없는 내용이며 오직 경험으로 겪게 된 이야기들을 하려는 것이다.

단기 토지 투자의 핵심은 개발행위허가다. 토지를 매입해 개발행위허가를 얼마나 잘 받느냐가 수익을 낼 수 있느냐 없느냐를 결정하는 것이다. 많은 토지 투자자들이 이 개발행위허가를 잘 알지 못한다. 핵심을 모르고 투자를 하다 보니 토지 투자로 대부분 실패를 하게 되는 것이다.

필자는 수십 번의 개발행위허가를 진행했다. 그러면서 알게 된 것들이 지금은 필자의 재산이 되었고, 그 누가 뭐라 해도 대한민국 최고의 개발행위허가 전문가라고 자부한다. 이제부터 여태껏 아무도 알려주지 않았던 개발행위허가의 세계를 적나라하게 파헤칠 것이다. 이것을 확실히 알게 된다면, 이제 당신은 부자의 길에 서 있게 될 것이다.

CHAPTER

3

나는 개발행위허가 전문가다

Part 01 | 개발행위허가 사례 1

개발행위허가는 담당자의 재량행위다

개발행위허가 운영지침에는 보면 6가지 행위를 하려고 하면 '국토의 계획 및 이용에 관한 법률(이하 국계법)'상의 개발행위허가를 득하게 되어 있다.

그중에 한 가지는 건물의 신축 시 개발행위허가를 득해야 한다는 것이다. 쉽게 해석해보면, 내가 가지고 있는 땅에 건물을 지을 수 있는지 없는지 여부를 시장, 군수, 구청장에게 물어봐야 한다는 것이다.

그렇다. 내가 가지고 있는 땅이라도 모든 땅에 건물을 지을 수 없다는 것이다. 만약 시장님이 내 땅에 개발행위허가를 반려시키면 내 땅에는 건물을 지을 수 없게 되는 것이다. 그러한 이유로 내 땅이 좋은 땅, 나쁜 땅으로 분류되게 되는 것이고, 어떤 토지가 개발행위허가를 득할 수 있느냐 없느냐는 토지 투자의 중요한 요소가 된다는 것이다.

개발행위허가를 득할 수 있다면 좋은 땅으로 판단할 것이고 개발행위허가를 득할 수 없다면 나쁜 땅으로 판단할 것이다. 그런데 이 개발행위허가라는 것이 재량행위라는 것이다. 말 그대로 너무 많은 변수가 있을 것이기에, 건물을 지을 수 있는지 여부를 지자체의 개발행위허가 담당자의 주관적 판단으로 허가를 받게 된다. 막말로 하면 담당자 마음대로 허가를 내주거나 내주지 않을 수 있다는 말이다.

이런 상황이 되다 보니 개발행위허가를 받아내는 것은 토지 투자자의 능력으로 평가받게 된 것이다. 어떤 토목 사무실은 개발행위허가를 받아내는데, 어떤 토목 사무실은 허가를 받지 못하는 것은 이 개발행위허가가 재량행위이기 때문이라는 것이다. 재량행위라는 말을 다른 시각으로 해석한다면 내가 어떻게 주장하느냐에 따라 달라질 수 있다는 말과 같다.

필자는 그동안 수많은 개발행위허가를 진행하고 허가를 득하면서 비교적 많은 돈을 벌 수 있었다. 그러면서 어떻게 해야 개발행위허가를 잘 득할 수 있는지를 알게 된 것이다. 개발행위허가만큼은 그 누구보다 허가를 잘 득할 수 있다고 생각하기에 필자는 이 개발행위허가를 이용해 토지 투자를 진행해나갈 것이다.

개발행위허가를 취소하려면
원상복구가 되어야 한다

예전에 토지를 중개하면서 새로운 사실을 알게 되었다. 그것은 바로 개발행위허가를 취소할 때는 원상복구가 되어야 한다는 사실을 알게 된 것이다. 담당 공무원과의 대화다.

"네. 여보세요. 개발행위허가 관련해서 문의 좀 드리려고요."

"네. 말씀하세요."

"개발행위허가를 취소하려고 하는데 어떻게 하면 될까요?"

"네. 현장 원상복구 하시고 허가 취소하시면 돼요."

"아! 그렇군요. 허가만 냈지, 현장 건드린 건 없습니다. 바로 취소할 수 있겠네요?"

"현장 손대신 거 없으시면 바로 취소될 수 있을 겁니다."

그렇게 나는 허가 취소 신청을 하고 기다리고 있었다. 그런데 어느 날 토목 사무실에서 전화가 걸려왔다.

"김 이사, 시에서 전화가 왔는데 현장에 입간판이 있는 거 같다는데?"

"입간판이요? 그런 거 설치한 적 없는데요."

"옆에 식당이 있잖아. 거기서 아무래도 네 땅에 입간판을 세워놓은 거 같은데?"

"어? 그래요? 그럼 어떻게 확인해야 하지요?"

"경계측량해서 우리 땅 안에 들어와 있는지 확인하고, 들어와 있으면 식당 주인한테 입간판을 치워달라고 이야기해야 할 것 같아."

"흠. 그래요? 그럼 경계측량 신청해주세요."

그렇게 나는 수일을 기다려서 경계측량을 하게 되었다. 측량한 결과 정말로 내 땅 안에 입간판이 들어와 있는 것이었다. 식당 주인에게 말을 했다.

"사장님. 우리 땅 안으로 입간판이 서 있는데 좀 치워주셨으면 합니다."

"아. 그래요? 바로 치워드리겠습니다."

그리고 식당 사장님은 바로 입간판을 철거했다. 그제야 비로소 시청에 원상복구가 되었으니 허가를 취소해달라고 요구하게 되었다. 그후 수일 안에 개발행위허가는 취소받을 수 있게 되었다. 이 경험을 하면서 내가 설치하지 않은 시설물도 내 땅에 설치되어 있다면 원상복구가 되어야 허가를 취소할 수 있다는 것을 알게 되었다.

입간판

(출처 : 저자 제공)

CHAPTER 3 | 나는 개발행위허가 전문가다 **53**

개발행위허가를 취소하려면
청문회 절차를 거쳐야 한다

토지 중개를 하던 시절, 개발행위허가기간이 만료된 토지를 많이 보게 되었다. 최초의 개발행위허가기간은 2년이다. 토지를 중개하려고 하다 보니 허가기간이 만료된 토지를 보게 되면 허가가 죽었다고 생각했기에 개발행위허가를 다시 득해야 한다고 생각했다. 그런데 그렇지 않았다. 허가기간이 만료되었음에도 허가기간 연장을 신청하면 연장이 되는 것이었다. 정말 놀라웠다. 이럴 거면 왜 허가기간을 정하는 건지 도저히 이해할 수는 없었지만, 실무상에서 문제없이 연장이 되다 보니 토지 중개를 하는 입장에서는 다행이다라고만 생각했다.

그러던 어느 날 필자는 토지를 매입하고 개발행위허가를 득하게 되었고, 허가기간이 지났음에도 불구하고 아무런 조치를 하지 않고 있었다. 토목공사만 해서 매도하려고 한 것인데 매도되지 않아 그냥 방치되고 있었던 것이다. 그런데 시청에서 우편물이 하나 날아왔다. 청문회 참석 통지서였다. 내용을 살펴보니 개발행위허가를 득했음에도 불구하고 허가기간 안에 토목준공을 받지 않아서 허가를 취소하려 한다는 내용이었다. 그러니까 정리해 보면 이런 내용이었다. 허가를 취소하려고 하니 정해진 날짜, 정해진 시간에, 정해진 장소로 청문회에 참석하라는 것이었다.

필자는 청문회에 참석했다. 청문회에 참석하니 허가기간이 지났음에도 아무런 조치를 취하지 않은 사람들이 많이 모여 있었다. 나 말고도 아무런 조치를 취하지 않은 사람이 많다는 것을 알게 되었다.

담당 공무원이 들어왔다. 종이를 한 장씩 주더니 왜 허가받은 대로 하지 않았는지를 쓰고 앞으로는 어떻게 할 것인지를 써보라고 이야기했다.

필자는 소설을 쓰기 시작했다. 건물을 지으려 했는데 갑자기 어려워졌다는 식으로 글을 적었다. 그리고 조금만 허가기간을 연장해주면 건물을 바로 짓겠다고 글을 작성했다.

과연 어떻게 됐을까? 필자는 개발행위허가기간을 연장할 수 있게 되었다. 그리고 많은 사람이 허가 취소를 당하게 되었다. 그때 알게 된 사실은 허가기간이 만료했다고 해서 청문회 절차 없이 허가를 죽일 수는 없다는 것이었다.

개발행위허가서

허가번호 : 제   호

수허가자	주 소		
	성 명		생년월일 (법인등록번호)

허 가 내 용

허 가 위 치	화성시		
허 가 면 적	수평투영면적: ㎡, 중량: 톤, 부피: ㎡		
허 가 목 적	공작물(옹벽) 설치	지 역 지 구	
사 업 기 간		허 가 조 건	덧붙임

「국토의 계획 및 이용에 관한 법률」 제56조제1항의 규정에 의하여 위와 같이 허가합니다.

화 성 시

개발행위허가증

임야는 준보전산지와 보전산지로 구분된다

우리나라 임야는 산림청에서 관리한다. 임야를 관리함에 있어 임야를 준보전산지와 보전산지로 구분해 개발할 수 있는 임야와 개발할 수 없는 임야로 구분해서 관리하고 있다는 것이다. 즉, 내가 가진 임야가 준보전산지에 해당이 되면 일단 건물을 지을 수 있는 자격이 있게 되는 것이다. 그리고 내가 가진 임야가 보전산지에 해당이 되면 건물을 짓기는 어렵다는 것을 알면 되는 것이다.

다시 말해서 토지이용계획확인서를 보고 내가 가진 임야가 준보전산지인지 아니면 보전산지인지에 따라 좋은 땅, 나쁜 땅으로 분류된다고 이해하면 될 것이다.

임야가 준보전산지에 해당이 되면 개발행위허가를 득할 수 있다는 것이고, 보전산지에 해당이 되면 개발행위허가를 득할 수 없다고 생각하면 되는 것이다.

이는 가치 있는 땅을 고를 때에도 판단의 기준이 된다. 지목이 임야이고 준보전산지이면 아주 좋은 땅이라고 판단할 수 있지만, 지목이 임야이고 보전산지에 해당이 되면 토지 개발 면에서는 쓰레기 땅이라고 생각하면 될 것이다.

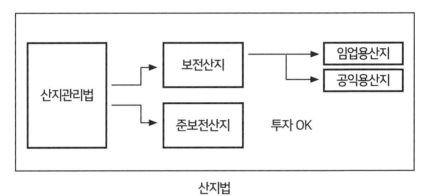

산지법

(출처 : 저자 작성)

임야를 원상복구 하는 법

20여 년 전 필자가 26세 때 경기도 화성에 있는 공인중개사 사무실에 출근하게 되었다. 처음 출근을 하다 보니 할 수 있는 일이 거의 없었기 때문에, 그냥 여기저기 사람들을 쫓아다니고 있었다. 그때 작은 아버님이 이야기하셨다.

"용남아. 땅 보러 갈 건데 같이 갈래?"
"네. 같이 가고 싶습니다."
"그래. 그럼 차에 타."
"네. 알겠습니다."

그렇게 차 뒷자리에 앉았고 한참을 달려 이미 훼손된 산 앞에 도착했다. 작은 아버님은 아무 설명도 하지 않으셨다.

잠깐 서 있다 보니 1톤짜리 용달차가 나무를 한가득 싣고 필자가 있던 현장으로 오는 것이었다. 그 용달차에서는 젊은 청년 두 명이 타고 있었다. 그때는 몰랐지만, 필자의 처남들이 될 사람들이었다. 처남들은 현장에 도착하자마자 나무를 내리기 시작했고 삽을 들고 묘목을 군데군데 심기 시작했다.

나는 그 상황을 이해하지 못했다. '왜 산에다가 나무를 심고 있지?' 의아한 생각들뿐이었던 것 같다. 시간이 지나 나중에서야 알게 된 사실이지만, 그 임야를 작은 아버님이 불법으로 훼손시켰고 원상복구 명령이 떨어져서 산에 나무를 심고 있었다는 것을 알게 된 것이다.

그때 처음 알게 된 듯하다. 임야를 원상복구 한다는 것은 나무를 심는 일이다.

임야 원상복구

(출처 : pixabay.com)

임야에서는 토지 사용승낙으로
주택허가를 받을 수 없다

한창 공인중개사 사무실을 운영할 때 일이다. 필자의 사무실은 택지개발지구 안에 자리 잡고 있었다. 그때 당시만 해도 건축 바람이 불어 4층짜리 건물을 짓기 위해 80평짜리 택지가 거래가 왕성한 시기였다. 그런데 택지개발지구 안에 있는 택지들은 가구 수 제한이 있었기 때문에

높은 수익을 기대하기는 쉽지 않았다. 이때만 해도 가구 수 제한이 화두였기 때문에 가구 수 제한을 받지 않는 택지개발지구가 아닌 주거지역 땅들에 관심이 쏠려 있는 상황이었다.

어느 날 택지개발지구가 아닌 주거지역의 매물이 나오게 되었다. 우리는 택지개발지구가 아닌 주거지역의 매물이었기에 가구 수 제한이 없음을 알고 정말 기뻐했다.

그런데 그 땅을 주택으로 개발하려고 보니 문제가 생겼다. 그 땅의 지목은 임야였다. 산지법에서는 임야의 지목에는 토지사용승낙을 얻어 주택으

로의 개발행위허가가 불가능했다. 즉, 주택으로 허가를 받기 위해서는 소유권을 확보하고 있어야 했다. 땅 소유자의 이름으로만, 주택허가를 받을 수 있었다.

지금은 시간이 많이 지나 융통성이 생겼다고 해야 하나. 개발하는 방법이 생겨 알고 있지만, 그때 당시만 해도 앞뒤가 꽉 막혀 있는 상황이었다. 주택으로 인허가를 득할 수 없다는 것을 알고 매입을 포기했던 적이 있다.

지금에서야 알게 된 사실이지만 근린생활시설(이하 근생)로 허가를 득해 준공한 다음 용도변경으로 주택으로 바꾸면 된다는 사실을 너무 늦게 알아버린 것이다.

산지관리법 시행령 [시행 2021. 2. 19.]

산지 전용 허가기준의 적용범위와 사업별·규모별 세부기준(제20조 제6항 관련)

1) '건축법 시행령' 별표 1 제1호에 따른 단독주택을 축조할 목적으로 산지를 전용하는 경우에는 자기 소유의 산지일 것(공동 소유인 경우에는 다른 공유자 전원의 동의가 있는 등 해당 산지의 처분에 필요한 요건과 동일한 요건을 갖출 것)

자기 소유 산지

(출처 : 국가법령정보센터)

농지보전부담금은 분납할 수 있다

지목 전, 답, 과수원을 농지라고 부른다. 농지 위에 건축물을 짓기 위해서는 국계법의 개발행위허가를 받아야 한다. 그런데 문제는 농지를 개발행위허가를 신청하게 되면 농지보전부담금이라는 세금을 납부해야 하는데 그 세금이 너무 크다는 것이다.

지금은 법이 바뀌어 공시지가의 20%만큼 전용하려는 면적에 곱한 금액을 세금으로 납부하지만, 얼마 전까지만 해도 공시지가의 30%만큼 전용하려는 면적에 곱한 금액을 세금으로 납부해야 했다. 꽤 많은 금액의 세금이다.

예를 들어 ㎡당 공시지가가 3만 원일 때 전용하려는 면적이 10,000㎡라고 생각해보자.

공시지가 3만 원의 30%가 약 1만 원이라 할 때 1만 원 × 10,000㎡이기 때문에 1억 원을 농지보전부담금으로 일시에 납부해야 했다. 이렇게 농지보전부담금이 과도하게 클 수 있기 때문에 행정청에서는 분납할 수 있게 해놓았다. 개발행위허가 시 납부해야 하는 농지보전부담금 등을 분납할 수 있다는 것을 기억해두고, 이를 잘 활용해야 한다.

농지보전부담금 분할납부(분납)

분할납부의 대상

농림축산식품부 장관은 다음 어느 하나에 해당하는 사유로 농지보전부담금을 한꺼번에 내기 어렵다고 인정되는 경우에는 농지보전부담금을 나누어 내게 할 수 있습니다(규제 '농지법' 제38조 제2항, '농지법 시행령' 제50조 제1항 및 '농지법 시행규칙' 제45조 제4항).

· 공공기관과 지방공기업이 산업단지의 시설용지로 농지를 전용하는 경우
· 도시개발사업의 시행자(국가와 지방자치단체를 제외)가 도시개발사업(환지방식으로 시행하는 경우에 한함)의 부지로 농지를 전용하는 경우
· 관광시설 개발사업시행자(지방자치단체는 제외)가 관광지 또는 관광단지의 시설용지로 농지를 전용하는 경우
· 중소기업을 영위하려는 자가 중소기업의 공장용지로 농지를 전용하는 경우
· 공장설립 등의 승인을 받으려는 자가 공장용지로 농지를 전용하는 경우
· 농지보전부담금이 개인의 경우 건당 2,000만 원, 개인 외의 경우 건당 4,000만 원 이상인 경우

분할납부의 방법

농지를 전용하려는 자는 농지보전부담금을 분할납부하려는 경우에는 납부해야 할 농지보전부담금의 100분의 30을 해당 농지전용허가 또는 농지전용신고(다른 법률에 따라 농지전용허가 또는 농지전용신고가 의제되는 인가·허가·승인 등을 포함) 전에 납부하고, 그 잔액은 4년의 범위에서 분할하여 납부하되, 최종납부일은 해당 목적사업의 준공일 이전이어야 합니다('농지법 시행령' 제50조 제2항 본문).

다만, 농림축산식품부 장관은 국가 또는 치방자치단체가 농지를 전용하는 경우로서 농지보전부담금 분할 잔액을 납부기한에 납부하기 어려운 사유가 있다고 인정되면 해당 목적사업의 준공일까지의 범위에서 그 납부기한을 연장할 수 있습니다('농지법 시행령' 제50조 제2항 단서).

농림축산식품부 장관은 농지보전부담금을 나누어 내게 하려면 농지보전부담금을 나누어 내려는 자에게 나누어 낼 농지보전부담금에 대한 납입보증보험증서 등을 미리 예치하게 해야 합니다(규제 '농지법' 제38조 제3항 본문).

다만, 농지보전부담금을 나누어 내려는 자가 국가나 지방자치단체, 그 밖에 공공기관인 경우에는 예외로 합니다(규제 '농지법' 제38조 제3항 단서 및 '농지법 시행령' 제50조 제6항).

농림축산식품부 장관은 납입보증보험증서 등을 예치하게 하는 경우에는 분할납부할 농지보전부담금에 대하여 농지보전부담금의 수납업무를 대행하는 한국농어촌공사를 수취인으로 하여 발행한 보증서 등을 예치하게 해야 합니다('농지법 시행령' 제50조 제4항 전단).

이 경우 보증서 등의 보증기간은 분할 납부하는 농지보전부담금의 각각의 납부기한에 30일을 가산한 기간을 기준으로 하며, 보증금액은 해당 농지보전부담금의 100분의 110 이상의 금액으로 합니다('농지법 시행령' 제50조 제4항 후단).

(출처 : easylaw.go.kr)

주·상·공지역 농지는 농지로 보지 않는다

농지를 취득하기 위해서는 농지취득자격증명원이라는 서류를 발급받아야 한다. 농지취득자격증명원을 줄여서 '농취증'이라 하겠다. 농지를 사기 위해서는 읍면사무소에서 발급하는 농취증을 받아야 한다. 이는 경매로 농지를 취득할 때도 예외사항은 아니다. 농지를 낙찰받기 위해서는 입찰일 이후 일주일 이내에 농취증을 제출해야 한다. 만약 최고가매수인이 되고도 농취증을 제출하지 않게 되면 입찰 보증금을 몰수당하기 때문에 미리 농취증 발급 여부를 확인해야 한다.

요즘에는 매각기일 연기신청서라는 것이 있기 때문에, 농취증 발급이 늦어질 것 같으면 매각기일 연기신청서를 작성해서 제출하면 농취증 발급을 미룰 수 있다.

그런데 여기서 주의할 것이 하나 있다. 주거, 상업, 공업지역(주·상·공지역) 농지는 농지로 보지 않는다는 것이다. 지목이 농지일지라도 주거, 상업, 공업지역의 농지는 대지로 간주하기 때문에 위 지역에서 농지를 취득하려 할 경우에는 농취증이 필요 없다.

이는 실무거래 및 경매 취득 과정에서 공통으로 일어나는 일이기 때문에 꼭 알아두어야 한다. 그렇다면 번거로운 일이 없어졌으니 좋아할 만도 하지만, 다르게 생각하면 내가 가진 농지가 주거지역에 있고 실제로 농사를 지었다 해도 대지로 간주해서 판단한다는 이야기가 된다. 건물이 있지 않으면 비사업용 토지로 분류되어 양도소득세를 중과하게 된다는 것이다. 이를 꼭 염두에 두기를 바라는 마음이다.

매각기일 연기신청서

(출처 : 저자 제공)

도시지역 농지를 취득하는 경우

국계법 제83조와 농지법 제8조의 농취증 발급이 필요 없는 경우가 소개되어 있다. 도시지역은 일반적으로 농취증을 발급받지 않아도 된다. 단, 도시지역이라도 녹지지역에 있는 농지는 주거지역이나 상업지역 또는 공업지역에 있는 농지와는 달리 영농활동을 하는 데 지장이 없고 생산성을 그대로 유지할 수 있다는 점에서 개인이 농지를 취득할 때는 농취증이 필요하다.

농지취득자격증명신청서

※ 뒤쪽의 신청안내를 참고하시기 바라며, 색상이 어두운 란은 신청인이 작성하지 않습니다.　(앞쪽)

접수번호		접수일자		처리기간	4일 (농업경영계획서를 작성하지 않는 경우에는 2일)

농지 취득자 (신청인)	① 성 명 ○○○ (명 칭)		② 주민등록번호 ○○○○○○-○○○○○○ (법인등록번호)	⑤ 취득자의 구분			
				농업인	신규 영농	주말· 체험영농	법인 등
	④ 전화번호 010-○○○○-○○○○						

취득 농지의 표시	⑥ 소 재 지						⑩ 농지구분			
	시·군	구·읍· 면	리·동	⑦ 지번	⑧ 지목	⑨ 면적 (㎡)	농업진흥지역		진흥지역 밖	영농여건 불리농지
							진흥구역	보호구역		

⑪취득원인	

⑫취득목적	농업경영	주말·체 험영농	농지전용	시험·연구 ·실습지용 등

「농지법」 제8조 제2항, 같은 법 시행령 제7조 제1항 및 같은 법 시행규칙 제7조 제1항 제2호에 따
라 위와 같이 농지취득자격증명의 발급을 신청합니다.

년　　월　　일

농지취득자(신청인)　　　　　　　　　　　　　　　　○ ○ ○ (서명 또는 인)

시장·구청장·읍장·면장 귀하

첨부서류	1. 별지 제2호서식의 농지취득인정서(법 제6조 제2항 제2호에 해당하는 경우만 해당합니다) 2. 별지 제4호서식의 농업경영계획서(농지를 농업경영 목적으로 취득하는 경우만 해당합니다) 3. 농지임대차계약서 또는 농지사용대차계약서(농업경영을 하지 않는 자가 취득하려는 농지의 면적이 영 제7조 제2항 제5호 각 목의 어느 하나에 해당하지 않는 경우만 해당합니다) 4. 농지전용허가(다른 법률에 따라 농지전용허가가 의제되는 인가 또는 승인 등을 포함합니다)를 받거나 농지전용신고를 한 사실을 입증하는 서류(농지를 전용목적으로 취득하는 경우만 해당합니다)	수수료 : 「농지법 시행 령」 제74조에 따름
담당공무원 확인 사항	법인 등기사항증명서(신청인이 법인인 경우만 해당합니다)	

농지취득자격증명신청서

(출처 : 저자 제공)

법인이 농지 취득하는 법

농지는 농사를 짓고 있는 사람이나 농사를 지을 계획이 있는 사람만 취득할 수 있다. 어떻게 보면 실수요자만이 농지를 취득할 수 있는 것이다. 그래서 법인은 농취증을 발급받을 수 없다. 그 이유는 농업법인이 아닌 일반 법인은 농사를 지을 수 없다고 판단하기 때문이다.

하지만 실무적으로 법인이 농지를 취득할 방법이 하나 있다. 그것은 농취증을 받기 전 개발행위허가를 선행해 농취증 발급 목적을 '나는 이 농지를 취득해서 농사를 지으려고 하는 것이 아니라 이 농지를 전용하여 건물을 짓고 지목 대지로 이용하려는 것이다'라고 이야기하고 농취증을 받을 수 있다는 것이다.

다른 말로 해서 농지를 취득하는 목적이 개발 사업이라는 것이다. 이렇게 농지를 취득하는 데 있어 취득 목적을 개발 사업용으로 농지를 취득할 수 있다는 것이고, 그 말을 입증하기 위해 농취증을 받기 전 개발행위허가가 선행되어야 한다. 농취증 발급 시 개발행위허가증을 꼭 첨부해야 하는 것이다. 하지만 경매로는 일반법인이 농지를 취득할 수 없다. 왜냐하면 경매에서는 개발행위허가가 선행될 수 없기 때문이다.

일반법인의 농취증 받는 절차

1. 토지 매매 계약하기
2. 해당 토지를 사용할 수 있도록 매도인의 사용승낙서 받기
3. 매수자 법인 이름으로 시청, 군청, 구청 등에 개발행위허가 신청 진행
4. 발급받은 허가증을 농취증 발급 신청할 때 첨부
5. 농취증 발급

개인이 전용 가능한 생산관리,
보전관리지역의 농지 면적은 1,000㎡까지다

관리지역을 3가지로 구분하면 계획관리지역, 생산관리지역, 보전관리지역으로 구분한다. 이 중에서 생산관리지역, 보전관리지역은 개인이 농지를 전용할 수 있는 면적을 농지법으로 제한하는 것이다. 즉, 다시 말해 생산관리, 보전관리지역 농지에서는 개인별로 개발행위허가 받을 수 있는 면적을 1,000㎡까지로 제한한다는 것이다. 이는 어디까지나 개인이 전용할 수 있는 상한 면적을 제한하는 것이기 때문에 1,000㎡ 이상의 농지를 전용하려면 두 명의 이름으로 전용할 수 있다는 것이다.

예를 들어 1,500㎡의 농지가 있다면 1,000㎡는 A 이름으로 500㎡는 B 이름으로 전용 받으면 된다는 것이다. 여기서 부부나 직계존비속일 경우는 동일인으로 보기 때문에 이를 피해서 전용 받으면 된다는 것이다.

또한, 5년이 지나면 제한 면적이 초기화되기 때문에 1,000㎡를 먼저 전용하고 5년이 지나서 500㎡를 전용하면 되는 것이다. 이 개념을 정확히 이해하고 개발을 진행해야 할 것이다.

농지법 시행령 제44조 농지전용허가 세부제한

(예) 생산관리, 보전관리지역에서의 농지는 전용제한 면적이 있나요?

　– 전용제한 면적은 1,000㎡까지입니다.

　– 5년간 1,000㎡까지 전용할 수 있습니다.

　– 연접한 농지가 아니라면 필지별로 1,000㎡까지 전용할 수 있습니다.

　– 동일인 기준 : 부부 및 직계존비속

생산녹지지역은 농지법 제한이 있다

우리나라 국토를 크게 둘로 구분하면 도시지역과 비도시지역으로 나눌 수 있다. 또한, 도시지역을 크게 4가지로 구분하면 주거지역, 상업지역, 공업지역, 녹지지역이다. 여기서 다시 녹지지역을 3가지로 구분하면 자연녹지지역, 생산녹지지역, 보전녹지지역으로 구분하게 된다.

즉, 녹지지역은 도시지역에 해당한다는 것이다. 녹지지역은 제한된 건축이 가능하기 때문에 건폐율 20%를 가지면서 건축이 가능한 용도지역이다. 그런데 녹지지역 중 생산녹지지역은 농지법으로 제한하고 있다. 만약 어느 토지가 용도지역이 생산녹지이고 농지법 제한이 없다면 건폐율 20% 안에서 건축이 가능해진다.

하지만 생산녹지이면서 농지법 제한으로 농업 진흥구역이 적용되게 된다면 이야기는 많이 달라진다는 것이다. 농업 진흥구역으로 적용되게 되면

행위 제한으로 비농업적 사용을 극히 제한한다는 것이고 비농업적 건물의 신축이 불가능하다. 농사밖에 할 수 있는 것이 없다고 생각하면 될 것이다. 극히 제한적인 농업적 사용을 위한 전용만이 가능할 뿐, 할 수 있는 것이 농사 말고는 없다고 봐야 한다.

농업진흥구역

– 행위 제한

1. 비농업적 사용 제한 – 농업진흥구역 농지는 원칙적으로 농업 목적으로만 사용 가능하며, 비농업적 용도로의 전용이 제한됩니다.
2. 건축제한 – 주택. 공장 등 비농업적 건축물의 신축, 증축 및 개축이 원칙적으로 금지됩니다.
3. 토지 형질변경 제한 – 경작에 영향을 줄 수 있는 토지의 형질변경이 제한됩니다.

건축법 시행령 별표 1에 따른 건축물의 건축 제한

– 건축물 규제

1. 주거용 건축물 : 농업진흥구역 내에서는 원칙적으로 주거용 건축물이 허가되지 않습니다. 예외적으로 농업인의 주거복지를 위해 필요한 경우 한정적으로 허가될 수 있습니다.
2. 산업용 건축물 : 농업 생산과 관련된 시설을 제외하고는 산업용 건축물의 신축이 제한됩니다.
3. 공공시설 : 농업 생산성을 높이기 위한 공공시설은 제한적으로 허용될 수 있으며, 이 경우에도 국가 또는 지방자치단체의 엄격한 심사를 거쳐야 합니다.

건폐율과 용적률

건폐율 : 농업생산성과 관련 없는 건축물의 경우 10% 이하로 제한될 수 있습니다.

용적률 : 농업진흥구역 내에서 건축 가능한 용적률은 20% 이하로 제한될 수 있습니다.

층수 및 높이 제한

1. 농업진흥구역에서는 건축물의 층수와 높이에도 제한이 있어, 일반적으로 단층 건축물이 주를 이루고, 고층 건축물은 허가되지 않습니다.

2. 층수 제한 : 대부분 단층 구조로 제한되며, 필요하면 2층 이하로 허가될 수 있습니다.

3. 높이 제한 : 건축물의 높이는 10m 이하로 제한되는 경우가 많습니다.

지목은 임야이나 현장이 농지인 토지

개발행위허가를 신청하다 보면 허가 시 납부하는 국고 세금의 차이를 정확하게 알게 된다. 농지에 해당하는 지목일 경우 농지전용허가를 받아야 한다. 허가 시 납부하는 농지보전부담금이 공시지가의 20%를 납부하게 되어 있기 때문에 임야일 때 산림청에서 고시하는 대체산림 자원조성비를 내는 것보다는 높게 책정된다. 그렇기에 농지전용허가의 대상이 된다는 것은 경제적인 부담이 될 수 있다는 것이다.

농지전용허가의 대상인지 산지전용허가의 대상인지 여부는 이처럼 중요한 요소가 된다. 예를 들어 1,000㎡의 땅이 있다고 가정하자. 공시지가가 ㎡당 6만 원이라고 했을 때 만약 농지전용허가를 받아 농지보전부담금을 납부하게 된다면, 공시지가의 20%인 1만 2,000원 곱하기 전용하려는 면적 1,000㎡를 한다. 즉, 1,200만 원이 되는 것이다.

하지만 이 토지가 산지전용허가의 대상이라면 납부해야 하는 대체산림

자원 조성비는 준보전산지라고 했을 때 준보전산지 고시금액인 8,090원에 1%의 공시지가 금액 80원 정도를 더하면 약 8,200원 정도가 된다. 여기에 곱하기 1,000㎡를 해서 820만 원이 되는 것이다.

이렇게 지목이 농지인지 임야인지에 따라 납부하는 세금의 정도가 달라지기 때문에 해당 토지가 어떤 허가의 대상이 되는지는 아주 중요한 요소가 된다.

이 예와 같이 해당 토지가 산지전용허가의 대상이 되어야 세금을 적게 낼 수 있기 때문에 산지전용허가를 받을 수 있는 기준을 살펴보겠다.

먼저 이와 같은 토지를 사실상 농지라고 부르게 된다. 지목은 임야이나 현장이 농지 상태일 때 그렇게 부른다는 것이다. 이 경우에 산지전용허가를 득할 수 있는 방법은 이 토지를 농지로 볼 수 없게 되면 된다는 것이다.

실무적으로 두 가지를 따져서 살펴보게 되는데 첫째로 해당 토지가 농지원부에 등재되어 있지 않아야 한다. 그리고 두 번째로는 농지상태로 되어 경작을 횟수가 3년을 초과해서는 안 된다.

요즘에는 위성사진으로 현장상태를 알아볼 수 있지만, 경작 사실은 정확하게 확인하기 힘들다. 그렇기 때문에 해당 토지가 농지원부에도 올라가 있지 않고 경작한 사실이 확인되지 않는다면 이 토지는 임야로써 산지전용허가의 대상이 된다.

사실상의 농지

- 법적 지목을 불문하고 실제로 농작물 경작지 또는 다년생 식물 재배지로 이용되는 토지로 농작물 경작지 또는 다년생 식물 재배지로 계속하여 이용되는 기간이 3년 이상인 토지를 말함.

보도도 점용이 될까?

필자가 처음 공인중개사 일을 하게 되었을 때 잠깐 재개발을 하는 동네에서 일 한 적이 있다. 그때 당시에 만나게 된 분이신데 시간이 많이 지나 경기도 화성 토지를 중개하는 사무실에서 다시 만나게 된 것이다.

"어디서 많이 뵌 거 같은데?"

"그러게요. 고향이 어디세요?"

"전 경기도 안양입니다."

"안양이요? 그러고 보니까 덕천마을에서 보지 않았나요?"

"아! 옛날에 저에게 주택 매입하셨던 그분이시군요."

"아! 그러게요. 그동안 잘 지내신 거죠?"

알고 보니 공인중개사 자격증을 취득하고 잠깐 재개발 지역에서 일하고 있을 때 나에게 주택을 매입하셨던 분이셨다. 그렇게 인연이 돼서 오랫동안 알고 지내게 된 듯하다. 어느 날, 그분의 사모님이 사무실에 방문하셨다.

"안녕하세요. 무슨 일이세요?"
"제가 사 놓은 땅이 있는데 거기에다 이층집을 짓고 싶어서요."
"이층집이요? 한번 가서 보실까요?"

그리고 한걸음에 현장에 도착했다. 땅이 도시계획도로 아래에 있었다. 도시계획도로가 위에 나 있었기 때문에 1층은 아래쪽에 짓고 2층은 도시계획도로에 연결해서 보도블록에서 다리를 놓아 건너다니고 싶다고 하시는 것이다.

이게 가능한 일일까? 필자는 의아한 생각이 들었다. '보도를 점용받아야 하는 걸까?' 오랫동안 토지를 다루고 있었지만 한 번도 보도를 점용받아 본 적은 없는 것이다. 토목 사무실에 문의했다.

"네. 형님. 물어볼 것이 있는데요. 보도에서 건물까지 다리를 놔서 건너다닐 수 있는 건가요?"
"가능할 거 같은데?"
"그래요? 그럼 한번 봐 주실래요?"

가능할 것 같다는 이야기를 하신다. 필자는 토목 사무실로 가서 문의하기 시작했다. 면사무소에서 보도 점용을 받으면 될 것 같다는 말씀을 하시는 것이다. 그때까지만 해도 정말 이게 가능한 것인지 생각하면서 일했던 듯싶다. 그렇게 준공을 득하고 보도 점용을 받아서 다리를 놓게 되었다.

참 신기한 일이었다. 그때 알게 된 것이다. 보도도 점용 받을 수 있다는 사실을 말이다.

야목다리 1

야목다리 2

Part 02 | 개발행위허가 사례 2

내 땅 중간에 길이 있는 경우

옛날에 한창 토지 개발을 하고 있을 때 일이다. 개발하고 싶어 하는 매수자가 사무실에 자주 오곤 하셨다.

"이사님 오셨네요."
"머 좋은 땅 나온 거 좀 있나요?"
"네. 마침 제조장으로 허가 낼 수 있는 땅이 아주 저렴하게 나왔습니다."
"아, 그래요? 한 번 볼 수 있을까요?"
"네. 알겠습니다."

그렇게 이야기하고는 차에 태워서 현장으로 달려갔다. 자그마한 임야였다. 도로 폭이 넓진 않았으나 제조장으로는 허가 날 수 있을 것 같다는 토목사무실의 이야기를 듣고 나는 자신 있게 현장으로 향했다. 길 아래쪽으로 꺼진 임야였으며 제조장을 건축하기에는 무리가 없어 보였다. 그런데 땅 모양이 삼각형 모양이었다.

좋지 않은 땅 모양 때문에 고민하고 있을 때쯤 반대로 삼각형인 모양의 토지를 매입할 수 있다는 이야기를 듣게 된 것이다. 두 개 다 삼각형 모양이 었기 때문에 두 개를 붙이면 사각형 모양의 땅이 될 수 있겠다는 생각을 한 것이다.

그런데 문제가 있었다. 두 땅 사이에 지적도에 도로가 있는 것이었다. 사람이 다니고 있는 길이다 보니 용도 폐지는 불가능한 상황이었고 어떻게 할까를 수일 동안을 고민했던 것 같다.

좋은 생각이 떠올랐다. 내 땅 가장자리로 길을 돌리고 그 지적도에 길을 마당으로 이용하면 되겠다는 생각을 하게 된 것이다. 그렇게 우리는 내 땅 가장자리로 길을 돌려드렸고 지적도에 길은 마당으로 포장해서 사용하게 되었다. 그렇게 그 토지는 현재 제조장이 들어와 있는 상태로 잘 사용되고 있다.

운평리 길 1

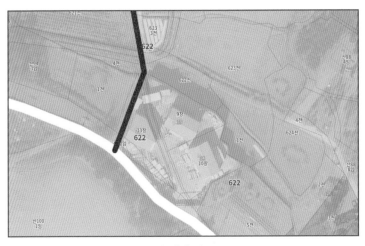

운평리 길 2

운평리 길 3

(출처 : 저자 제공)

지상권 없이 근저당만 있는 경우
동의서 받을 필요 없다

개발행위허가를 득한 토지를 매매하려 할 때는 개발행위허가가 먼저 변경되어야 한다. 개발행위허가가 관계자 변경으로 매수자의 이름으로 변경이 되면 그때 비로소 잔금을 치르고 등기이전을 하게 되는 것이다. 이것이 개발행위허가 득한 토지의 매매절차다.

개발행위허가를 득한 토지를 매매하기 위해 계약금을 걸게 되면 제일 먼저 개발행위허가부터 관계자 변경을 해야 한다. 이 과정에서 등기부등본상 은행 앞으로 근저당 설정이 되어 있는 것이 보통이다.

은행이 근저당 설정을 하게 되면 보통 지상권도 같이 설정하게 된다. 그 이유는 근저당만 설정해놓은 경우에는 땅 주인이 매매로 인해 관계자 변경을 하거나 건축허가를 진행하고 건물을 짓게 되면 근저당권자의 동의는 필요 없기 때문이다. 근저당권자인 은행은 건물이 지어진 사실조차 파악하기 힘들다는 것이고, 건축물에 대한 담보 제공 또한 받을 수 없다는 것이다.

지상권 설정을 해놓았을 때는 지주의 매매로 인해 관계자 변경을 한다거나 건축허가 시에 은행에 지상권 설정 동의서를 받아야 한다. 그러므로 은행은 채권관리를 용이하게 할 수 있다. 즉, 다시 말해서 은행에서 근저당만 설정한 경우에는 관계자 변경이나 건축허가 시 근저당권자의 동의서는 필요하지 않기 때문에, 지상권을 함께 설정하면 관계자 변경 시나 건축허가 등 권리관계에 변동이 생기는 순간마다 은행은 지상권 설정자로 동의를 해주기 때문에 채권관리를 원활하게 할 수 있다. 이러한 이유로 은행에서는 근저당을 설정할 시 동시에 지상권을 설정한다는 것을 유념하면 된다.

지상권 설정 동의서

용도지역별 개인이 개발할 수 있는 규모

개발행위허가의 규모

(1) 토지의 형질변경을 하는 경우 다음의 면적(개발행위 시기와 관계없이 기존 대지를 확장하는 경우에는 그 기존 대지의 면적을 포함한다. 다만, 확장면적이 기존 대지 면적의 100분의 5 이하이고 용도지역별 개발행위허가 규모 이하인 경우에는 그러하지 아니하다. 이 경우 2회 이상 확장할 때에는 누적면적을 기준으로 한다) 이상으로 개발할 수 없다. 관리지역 · 농림지역에 대하여는 아래의 ② 및 ③의 면적 범위에서 도시 · 군 계획 조례로 면적을 따로 정할 수 있다(영 제55조 제1항).

① 도시지역
주거지역 · 상업지역 · 자연녹지지역 · 생산녹지지역 : 1만㎡
공업지역 : 3만㎡, 보전녹지지역 : 5,000㎡

② 관리지역 : 3만㎡
③ 농림지역 : 3만㎡
④ 자연환경보전지역 : 5,000㎡

용도지역별로 개인이 개발할 수 있는 개발행위허가 규모를 법적으로 정해놓았다. 위의 표를 보면 자연녹지지역에서는 1만㎡ 이상으로 개발할 수 없다. 1만㎡라 하면 평수로 3,025평이 되는 것이다.

즉, 다시 말해서 자연녹지 3,100평의 토지는 개발행위허가를 받을 수 없다는 말과 같다. 개인이 개발할 수 있는 규모가 초과되었기 때문에 정 개발하기 원한다면 지구단위계획을 세워서 개발해야 된다. 이러한 이유로 토지를 소개하는 사람이 잘못된 정보를 주고 있는지를 파악할 수 있다.

관리지역에서는 개인이 개발할 수 있는 규모가 3만㎡이기 때문에 땅 면적이 4만㎡일 때 이 토지를 전부 개발해서 산업단지를 만들겠다고 하는 이야기는 신빙성이 없다. 물론 다른 방법으로는 가능할 수 있겠지만, 아무 설명 없이 무턱대고 개발하면 좋겠다는 등의 이야기를 한다면 그 사람의 말은 믿을 수 없다는 것이다. 아주 작은 지식만으로도 얼마든지 사기를 예방할 수 있다.

착공계 접수를 하면
허가의 유효기간이 없어진다

　최초의 개발행위허가기간은 2년이다. 2회에 한해 1년에 한 번씩 연장할수 있다. 이렇게 개발행위허가를 득하게 되면 최초의 허가기간 2년과 1년에한 번씩 2회를 더해서 4년을 유지할 수 있게 되는 것이다.

　이론적으로는 개발행위허가의 유효기간을 4년으로 생각할 수 있지만, 실무상 개발행위허가의 유효기간은 정하기 힘들어 보인다. 지금까지 허가기간이 만료되었다 해서 허가가 취소되는 일은 보지 못했기 때문이다.

　아무튼 개발행위허가기간을 다 사용했을 때는 건축허가를 득하게 된다. 건축허가의 기간은 1년이 보통이다. 건축허가의 경우 1년을 연장할 수 있다고 알고 있다. 이렇게 건축허가를 접수하게 되면 개발행위허가기간 4년과건축허가기간 2년을 합쳐서 6년을 유효하게 만들 수 있는 것이다.

　마지막으로 건축허가기간이 다 되어갈 때는 착공계 접수를 한다는 것이다. 착공계라는 것은 이제부터 건물을 짓겠다고 신고하는 것이다.

착공계를 접수하고 난 후 실제로 조금씩 건물을 짓고 있다면 착공계의 유예 기간을 따로 정하기는 힘들 것이라고 생각한다. 이러한 이유로 개발행위허가기간 4년에 건축허가기간 2년, 착공계를 접수하게 되면 인허가가 취소되기는 힘들어 보인다.

혹자들은 착공계의 유예기간이 있는 것처럼 이야기하지만, 실제로 건축하고 있다면 실무상 허가가 취소되기는 힘든 일이다.

착공계를 접수하면 개발행위허가의 유효기간은 담당자의 재량으로 판단된다고 생각하면 된다.

소유권과 허가권은 별개다

소유권과 허가권은 별개다. 이 말을 이해하지 못하는 사람들이 너무 많다. 특히 토지에 투자하고 있으면서도 소유권과 허가권을 헷갈리는 사람들이 있다는 것이다. 즉, 소유권은 네 땅, 내 땅을 이야기할 때 사용하는 말일 것이고, 네 땅인데 허가권은 다른 사람에게 있다는 말을 이해할 수 있어야 한다.

자세하게 이야기한다면 도로변에 나는 조그마한 땅을 하나 가지고 있다. 그런데 어느 날 모델하우스 관계자가 내 땅을 임대해서 모델하우스를 짓고 싶어 한다. 그래서 나는 땅을 빌려주었고 땅을 임차한 모델하우스 관계자는 본인 이름으로 모델하우스를 짓게 되었다.

이럴 경우에 땅 소유자는 나인 것이고 땅을 사용하고 있는 사람은 모델하우스 관계자가 되는 것이다. 나는 토지의 소유자, 모델하우스 관계자는 개발행위허가자가 되는 것이다.

우리가 흔히 알고 있는 개발업 등록에 대한 제한은 소유권이 아닌 허가권에 대한 규제다. 신건에 한해 5,000㎡ 초과는 개발업등록증을 가져와야 한다는 말은 한 사람이 허가 낼 수 있는 면적은 5,000㎡까지라는 것이다.

예를 들어 9,000㎡의 땅이 있다고 가정하자. 그렇다면 5,000㎡만 허가가 난다는 이야기가 아니라 한 사람이 허가를 낼 수 있는 면적이 5,000㎡라는 것이다. 그래서 9,000㎡를 한 번에 개발하려면 A가 4,500㎡ 허가를 득하고 B가 4,500㎡ 허가를 득하면 된다. 토지에 투자하는 사람들은 이렇게 소유권과 허가권을 헷갈려서는 안 된다.

1,000㎡ 미만 토지는 건축법상
도로 4m가 아니어도 허가가 난다

필자는 토지 개발업자다. 하지만 마음속에 늘 궁금한 한 가지를 가지고 있었다. 진입도로가 3m밖에 되지 않는데 개발을 해서 단지 조성을 해놓은 것들을 보고 '저걸 어떻게 개발을 했지?'라고 말이다. 그래서 개발을 전문적으로 한 사람들만이 알 수 있는 개발의 방법을 알려주려고 하는 것이다.

2차선 도로에서 50m 정도 안쪽으로 들어간 임야다. 진입도로 폭은 3m 정도가 되고 면적은 1,000평 정도가 되는 듯하다. 대한민국에서 개발행위허가를 얻으려면 건축법상 도로의 조건을 만족해야 한다. 건축법상의 도로란 자동차와 사람이 다니는 길 4m 이상의 도로다. 내 땅에 건물을 짓고 싶어 개발행위허가를 얻으려면 도로의 폭이 작아도 4m에 만족되어야 한다는 뜻이고 개발하려는 면적이 크면 클수록 도로의 조건은 더 넓어져야 하는 것이 보통이다.

면적은 1,000평(1평=3.3㎡)이다. 면적이 절대 작은 임야라고 할 수 없다. 그런데 진입로 폭은 3m이다. 어떻게 하면 이 토지를 개발해서 단지를 조성할 수 있을까?

일단 먼저 법 조항을 살펴보면 1,000㎡ 미만의 토지에 주택과 근생 1종 등의 허가를 받으려고 하는 경우는 진입도로의 폭이 건축법상 도로의 폭 4m가 채 되지 않아도 개발행위허가를 얻을 수 있다는 조항이 있다.

이를 이용해 1,000평 중의 임야에서 도로에 접한 쪽으로 먼저 1,000㎡ 미만으로 근생 1종으로 인허가를 득하는 것이다. 그렇게 되면 진입도로의 폭이 4m가 채 되지 않아도 개발행위허가를 득할 수 있게 되는 것이다.

이렇게 허가를 득하면 허가를 득한 쪽으로 공사를 진행하게 되는 것이다. 하지만 뒤쪽의 임야를 개발하고 원만한 분양을 위해서는 넓은 진입도로가 필요하게 될 것이다. 물론 땅을 확보해 인허가를 들어갈 수도 있는 일이지만 먼저 인허가를 득하고 공사까지 진행되고 나면 실제로 진입도로를 확보하는 일은 그리 어렵지 않다.

이런 경우 말고도 더 응용해본다면 1,800㎡의 땅이 있다고 가정하자. 그런데 진입도로 폭이 3m밖에 되지 않는다고 한다면 어떤 식으로 개발할 수 있을까? 개발을 잘 모르는 사람은 아마도 건축법상 도로 폭 4m가 되지 않는다는 말로 개발을 포기하게 될 수 있는 것이다. 하지만 개발을 잘 아는 사람은 이렇게 생각할 수 있을 것이다. 먼저 1,800㎡의 토지 중 먼저 900㎡의 토지를 전용하는 것이다. 그리고 건물을 지어 대지로 만든 다음 나머지 900㎡를 개발하는 것이다. 얼마든지 가능할 수 있는 길이기에 법 조항을 응용해 나만의 개발방식을 만들어나가야 할 것이다.

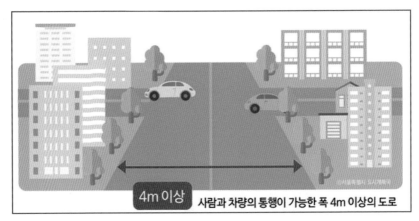

4m 이상 사람과 차량의 통행이 가능한 폭 4m 이상의 도로

건축법상의 도로

(출처 : 서울특별시 도시계획국)

개발행위허가 운영지침

3-3-2-1 도로

(1) 건축물을 건축하거나 공작물을 설치하는 부지는 도시·군계획도로 또는 시·군도, 농어촌도로에 접속하는 것을 원칙으로 하며, 위 도로에 접속되지 아니한 경우 (2) 및 (3)의 기준에 따라 진입도로를 개설해야 한다.

(2) (1)에 따라 개설(도로확장 포함)하고자 하는 진입도로의 폭은 개발규모(개설 또는 확장하는 도로면적은 제외한다)가 5천㎡ 미만은 4m 이상, 5천㎡ 이상 3만㎡ 미만은 6m 이상, 3만㎡이상은 8m 이상으로서 개발행위규모에 따른 교통량을 고려하여 적정 폭을 확보하여야 한다. 이 경우 진입도로의 폭은 실제 차량 통행에 이용될 수 있는 부분으로 산정한다.

(3) 진입도로의 길이를 산정할 경우 단지(주택단지, 공장단지 등) 내 도로는 제외하며, 변속차로 및 기존 도로의 확장된 부분은 포함한다.

(4) 다음 각 호의 어느 하나에 해당하는 경우에는 (2)의 도로확보기준을 적용하지 아니할 수 있다.

① 차량진출입이 가능한 기존 마을안길, 농로 등에 접속하거나 차량통행이 가능한 도로를 개설하는 경우로서 농업·어업·임업용 시설(가공, 유통, 판매 및 이와 유사한 시설은 제외하되, '농업·농촌 및 식품산업 기본법'제3조에 의한 농업인 및 농업 경영체, '수산업·어촌 발전 기본법'에 따른 어업인, '임업 및 산촌 진흥촉진에 관한 법률'에 의한 임업인, 기타 관련 법령에 따른 농업인·임업인·어업인이 설치하는 부지면적 2천㎡ 이하의 농수산물 가공, 유통, 판매 및 이와 유사한 시설은 포함), 부지면적 1천㎡ 미만으로서 제1종 근린생활시설 및 단독주택('건축법 시행령' 별표1 제1호 가목에 의한 단독주택)의 건축인 경우

② 건축물 증축 등을 위해 기존 대지 면적을 10%이하로 확장하는 경우

③ 부지확장 없이 기존 대지에서 건축물 증축·개축·재축(신축 제외)하는 경우

④ 광고탑, 철탑, 태양광발전시설 등 교통유발 효과가 없거나 미미한 공작물을 설치하는 경우

(5) (1)~(2)까지의 기준을 적용함에 있어 지역여건이나 사업특성을 고려하여 법령의 범위 내에서 도시계획위원회 심의를 거쳐 이를 완화하여 적용할 수 있다.

(6) (2)와 (4)를 적용함에 있어 산지에 대해서는 산지관리법령의 규정에도 적합하여야 한다. 다만, 보전산지에서는 산지관리법령에서 정한 기준을 따른다.

1,000㎡ 미만

(출처 : 국가법령정보센터)

자료 설명

이 내용을 정리하면 개발하려는 부지의 면적이 5,000㎡ 미만의 토지는 4m 이상의 도로를 확보해야 하고 부지의 면적 1,000㎡ 미만으로 단독주택과 근생 1종 허가를 득하려 하는 경우에는 4m 조건을 적용하지 않는다.

길 없는 땅에 길 내는 법

필자가 한창 토지를 공부하던 시절 일이다. 맹지를 평당 30만 원에 매입한 뒤 맹지에 길을 내고 개발행위허가를 득하고, 부지조성을 마친 뒤 매입한 지 6개월 만에 평당 65만 원에 매도하는 장면을 목격하게 되었다. 면적이 1,000평 정도가 되었기 때문에 6개월 만에 3억 5,000만 원을 벌게 된 것이다. 개발행위허가를 득하고 부지조성을 했으니 5,000만 원 정도의 비용을 뺀다고 해도 3억 원 정도의 수익을 보게 된 것이다.

그때 그분의 나이가 30대 후반이었으니 정말 대단한 일이라고 생각했다. 그때 필자는 20대 후반이었고 6개월 만에 3억 원 정도의 수익이 일어난다는 건 정말 상상도 할 수 없었다.

필자가 개발을 실행하기 시작한 것이 그때부터인 듯하다. 지금 생각하면 아주 간단한 일이었는데 그때 당시의 그 모습은 정말 충격적이라고밖에 말할 수 없는 일이었다.

그때의 상황을 정리하면, 1,000평짜리 농지가 있었다. 도로에 접해 있지는 않았고 도로 옆에는 구거가 있었다. 그 구거 옆에 땅이 있었다. 얼핏 보면 도로에 붙어 있지 않은 맹지라고 판단할 수 있다는 것이다. 그런데 그분은 길을 내는 방법을 알고 있었다. 바로 다리를 놓는 것이었다. 다리를 놓기 위해서는 구거의 관리청으로부터 구거 위에 다리를 놓겠다고 허락을 받아야 한다.

그 구거의 관리청은 농어촌공사였고 구거 위에 다리를 놓게 하는 허가의 이름은 목적 외 허가라는 것이었다. 이 목적 외 허가를 득하게 되면 맹지로 보이던 이 땅에 다리가 놓이는 것이다. 그렇게 되면 건물을 지을 수 있는 토지로 변하게 되는 것이다. 이런 일은 쉽게 일어나지는 않을 것이지만, 언제인가 만약 이런 땅을 발견하게 되면 필자는 다른 시선으로 볼 수 있기에 그 기회를 놓치지 않을 것이다.

토지를 바라보는 시선이 달라지면, 그 시선이 자신을 부자로 만들어줄 것이다.

목적 외 허가

(출처 : 저자 제공)

목적 외 허가 불허가로
개발행위허가가 불허가가 났다

시골 마을의 자그마한 땅을 발견했다. 저수지 앞에 있는 땅이었기에 집 한 채 지으면 정말 좋겠다는 생각이 들었다. 마침 지인 중에 경치가 좋은 곳으로 전원주택을 짓기 위해 땅을 구하시는 분이 한 분 계셨다. 그분에게 땅을 사드려야겠다는 생각으로 조심스레 전화를 건다.

"여보세요. 잘 지내셨나요? 집을 짓기 위해 정말 좋은 땅이 있어 전화를 드렸습니다."

"아, 그래요? 어떤 땅인데요?"

"네. 바로 앞에는 저수지가 있고요. 주변에 인가가 많지 않아 조용한 동네입니다."

"한번 보고 싶네요."

그렇게 통화를 마치고 사장님은 사무실로 내려오셨다. 필자는 사장님을 모시고 현장으로 향했다. 마음에 무척 들어하셨다. 작은 면적의 토지였고 매매가격 또한 저렴한 금액이었기에 사장님은 바로 계약을 하자고 하셨다.

그렇게 바로 우리는 계약을 하게 되었다. 그때는 화성시가 토지거래허가 구역이었기 때문에 잔금을 치르기 전 매수자 앞으로 개발행위허가가 선행 되어야만 했다. 그래서 우리는 계약금을 지불하고 매도인의 토지사용승낙 서를 받아 매수자의 이름으로 개발행위허가를 신청했다.

그런데 동네 들어가는 길이 포장은 되어 있었지만, 지적도에 도로가 아닌 지목이 '구거' 부지였던 것이었다. 길로 쓰는 건 문제없지만 개발행위허가서 를 받기 위해서는 구거를 길로 쓰겠다는 목적 외 허가를 받아야만 했다. 그 렇게 우리는 목적 외 허가를 신청하게 되었다. 그런데 한참이 지나 토목 사 무실로부터 연락이 왔다.

"여보세요."

"김 이사. 이거 목적 외 허가가 안 날 것 같은데."

"네? 왜 목적 외 허가가 안 나나요? 이미 길로 포장되어서 사용되고 있는 데요."

"길로 사용하는 것은 문제가 없는데 허가를 내줄 수는 없다고 하네."

"그게 무슨 말이에요? 허가를 내줄 수 없다니요?"

"근처에 저수지가 있는데 혹시 홍수가 발생하면 길이 침수될 수 있기 때 문에 허가를 내줄 수가 없대."

"네?"

그렇게 우리는 목적 외 허가를 득하지 못했다. 목적 외 허가를 받아야 진입로를 확보해서 개발행위허가를 받을 수 있기 때문에 목적 외 허가를 받지 못해 진입로 확보가 힘들어졌고 당연히 개발행위허가도 받을 수 없게 되었다. 이러한 이유로 우리는 계약을 파기하게 되었고 계약금은 다시 돌려받을 수 있었다. 이 일로 인해 필자는 저수지 근처에 길이 구거 부지로 되어 있으면 개발행위허가가 나지 않을 수도 있다는 것을 알게 되었다.

> 도로와 토지 사이에 구거가 있다면 그 토지는 지적상 진입도로가 없는 맹지가 되어서 건축할 수가 없다. 이런 경우 인접한 구거 위에 다리를 놓거나 복개공사를 해 진입로를 확보하고 건축행위를 해야 하는데 이때 필요한 것이 바로 구거 점용 허가이다.

목적 외 허가 2(구거 점용 허가)

(출처 : 국가법령정보센터)

구분	허가방식	허가권자	법률조항
농수로용 구거인 경우	목적 외 사용 승인	한국농어촌공사	농어촌정비법
국유지이며 일반 구거인 경우	공유수면 전용 허가	지자체	공유수면 관리 및 매립에 관한 법률
국유지이며 농지인 경우	농지 전용 허가	지자체	농지법
농어촌공사 소유이며 농지인 경우(국유지 ×)	농업기반시설 사용 허가	한국농어촌공사	
하천, 소하천	하천 점용 허가	지자체	하천법

구거 점용 허가권자

(출처 : 저자 작성)

개발부담금 대상 면적 미만인데
개발부담금이 나온다

"원래 도시지역에 개발부담금 대상 면적은 990㎡ 이상 아닌가요? 평수로 따지면 300평인데 제 땅은 150평입니다. 그런데 왜 개발부담금이 나오는 건가요? "

"개발부담금 면적은 최초의 인허가 면적을 기준으로 합니다. 최초의 인허가 면적이 3,000평이네요. 그렇다 보니 개발부담금 대상 면적 미만으로 분할을 하셨다고 해도 개발부담금이 나오는 겁니다."

그렇다. 많은 사람이 제대로 알고 있지 않은 것이 하나 있다. 그것은 개발부담금 대상 면적이 최종적으로 정해진 면적을 기준으로 하는 것이 아니라, 개발행위허가 당시 최초의 인허가 면적을 대상으로 한다는 것이다. 전원주택을 사려고 하는 사람들은 이것을 꼭 확인해야 한다.

분양 평수가 개발부담금 대상이 되지 않는다고 해도 최초의 인허가가 몇 평 허가 났는지를 꼭 물어봐야 한다는 것이다. 그래서 만약 내가 사려고 하는 땅이 개발부담금 대상이 된다면 매입하기 전에 꼭 개발부담금에 대한 협의를 꼭 해야 한다는 것이다.

그래서 이러한 것 때문에 개발하는 사람들은 개발부담금이 나오지 않게 개발하고 싶어한다. 즉, 최초의 인허가 면적을 개발부담금 대상 면적 미만으로 허가를 접수하면 개발부담금이 나오지 않게 되는 것이다. 하지만 이를 알면서도 쉽게 실행에 옮기지 못한다. 왜냐하면 이런 개발부담금의 기준을 고객이 이해하지 못하기 때문이다.

예를 들어 2,000평의 토지가 있다고 가정하자. 용도지역은 도시지역인 자연녹지지역이다. 그렇게 되면 개발부담금 대상 면적은 990㎡가 되는 것이다. 2,000평을 먼저 개발행위허가를 득하는 것이 아니라 가분할도로 미리 분할될 모습을 그려 놓고 분양을 한다는 것이다. 아마 이런 식일 것이다.

"고객님의 개발부담금을 줄여 드리기 위해 가분할도로 미리 잘라놓고 필지를 선택하시면 고객님의 이름으로 개발행위허가를 신청하려 합니다. "

"뭐? 이거 완전히 사기꾼이네. 허가도 안 난 땅을 전원주택지라고 팔고 있냐?"

"아니, 그게 아니고요. 허가를 낼 수 있지만 추후 개발부담금 때문에 최초의 인허가 면적을 개발부담금 대상 미만으로 하려고 하는 겁니다."

"그게 무슨 헛소리야!"

그렇다. 아마도 개발부담금을 피하려 한다면 이런 식의 대화가 오갈 것이 예상된다. 한마디로 세금 안 내게 해준다고 해도 욕을 할 것이라는 이야기다. 이러한 문제로 개발업자들은 그저 토지 전체를 허가를 내고 작게 분할해서 매도한다는 것을 이해하면 된다. 분양 현장에서 전원주택 부지를 매수하려는 사람이라면 꼭 개발부담금에 대해 협의를 해야 한다.

구분	대상지역	대상면적
1	**도시지역** (주거지역, 상업지역, 공업지역, 녹지지역)	990㎡ **(300평~)**
2	**비도시지역** (계획관리, 생산관리, 보전관리) (농림지역, 자연환경보전지역)	1,650㎡ **(500평~)**
개발부담금 계산방법 : 개발이익 × 25% 개발이익 = 종료시점 지가-(개시시점 지가+지가 상승분+개발비용)		
종료시점 = 개발사업 준공받은 날 또는 사용검사일 받은 날 개시시점 = 개발사업 인허가받은 날 개발비용 = 토목비용(건물에 대한 비용 제외) : 　　　　인허가세금(농지전용부담금, 대체산림자원조성비등) 　　　　+ 인허가설계용역비용 　　　　+ 순공사비용 등		

개발부담금

(출처 : 저자 작성)

다시 허가 내면 개발부담금을 피할 수 있다

이미 개발행위허가가 나 있는 상황이다. 그런데 최초의 인허가 면적이 2,000평이고 내가 매입하려 하는 땅은 계획 관리지역의 100평이다. 계획 관리지역 100평은 개발부담금이 나오지 않으리라 생각할 수도 있지만, 최초의 인허가 면적이 2,000평으로 건물을 짓게 되면 개발부담금이 나오게 된다. 이런 경우 개발부담금을 피할 방법이 있다. 이미 득한 개발행위허가를 취소하는 것이다. 그리고 다시 개발행위허가를 내 이름으로 낸다면 최초의 인허가 면적은 100평이 된다. 그렇게 되면 나는 건물을 짓게 되더라도 개발부담금을 피할 수 있다.

하지만 많은 사람이 염려하는 것이 있다. 그것은 이미 납부한 농지보전분담금이 문제가 된다는 것이다. 허가를 취소시키면 이 세금은 돌려받지 못하는 금액이라고 생각한다. 그런데 그렇지 않다. 허가를 취소하게 되면 이미 납부했던 농지보전부담금은 다시 현재 소유자에게 환급된다는 사실이기에 환급받은 돈으로 다시 개발행위허가를 신청하면 되는 것이다.

세금은 공시지가를 기준으로 납부하기 때문에 시간 차이만큼의 공시지가 상승으로 세금이 조금 더 나올 수 있다는 것을 감안하면 되는 것이다. 또한, 개발행위허가를 취소하면서 동시에 개발행위허가 신청이 가능해진다. 그렇게 되면 새롭게 허가를 신청하는 토목설계비와 공시지가 상승에 의한 추가 세금이 들게 될 것이다. 그렇기에 건물을 짓게 되면 나올 개발부담금과 토목 설계비, 추가세금 등을 잘 비교해서 내가 유리한 방향으로 계획을 잡으면 된다. 이 이야기들은 어느 서적이라든지 누구를 통해서 들을 수 없는 것들일 것이다.

[요약 : 동일인이 사업시행 시 면적 합산]

'동일인(배우자 및 직계존·비속 포함)'이 5년 이내 연접 시행한 사업면적을 합산하여 부과대상 면적으로 산정

① 동일인이 연접한 토지에 하나의 개발사업이 종료된 후 5년 내 개발사업을 받아 사실상 분할하여 시행하는 경우 하나의 개발사업이 시행된 것으로 본다.
② 동일인인 다수가 동일 필지를 각각 부과대상 규모 이하로 사실상 분할하여 시행한 후 소유권 이전한 경우 하나의 개발사업이 시행된 것으로 본다.
③ 동일인이 연접한 토지에 둘 이상 개발사업을 각각 다른 시기에 인가받아 사실상 분할 시행하는 경우 그 면적을 합하여 개발부담금 대

상면적으로 하며 먼저 착수한 사업지구가 이미 완료되었더라도 모두 합산한다.

개발부담금

(출처 : 국토교통부)

주택과 근생 허가는 심의대상이 아니다

먼저 도시계획심의라는 것을 간단하게 설명해드리겠다. 도시계획심의는 일정 면적 이상과 정해진 업종에 대하여 개발행위허가 신청이 들어오게 되면, 전문가들의 의견을 듣고 개발행위허가의 여부를 결정하는 것이다.

취지는 굉장히 훌륭해보이지만 실무적으로 볼 때 개발행위허가의 기간이 길어진다는 이야기다. 필요 없는 비용들이 들어간다는 것이고, 개발행위허가를 받기 위해 과도한 시설물의 설치가 필요해질 수도 있다.

가장 중요한 것은 개발행위허가의 조건에 만족하고 있더라도 한 개인의 말로 개발행위허가가 반려될 수도 있다는 것이다. 만약 도시계획심의를 거치고 그 오랜 시간을 기다려 개발행위허가가 반려된다면 개발행위허가 조건으로 계약한 모든 계약은 송사에 휩싸이게 될 것이라는 이야기다.

또한, 이전에는 한 달 반 정도가 걸리면 득할 수 있었고 개발행위허가 여부를 미리 짐작할 수 있었기에 얼마든지 개발행위허가 조건으로 계약하는 것에 문제가 크게 없었지만, 개발행위허가에 도시계획심의를 거쳐야 하는 경우가 된다면 매매계약 자체를 거절하는 매도인이 생기게 되었다는 것이다. 이도 이해할 수 있는 것이 계약금을 받고 계약을 했을지라도 도시계획심의에서 거절을 당하게 되면 계약 자체가 무효가 되는 것이다. 그렇기에 개발행위허가를 조건으로 하는 계약 자체가 힘들어졌다는 것이다. 이는 토지 시장의 거래를 위축되는 결과를 초래했다고도 할 수 있다.

도시계획심의는 결국 토지 시장에서 좋은 정책이라고 판단하기는 힘들다는 것이다. 일정한 면적과 일정한 업종이 들어오기 전 전문가들의 의견을 받는 건 좋은 일이지만, 이는 실무를 전혀 반영하지 않은 악법이라 생각하기에 도시계획심의는 달라지거나 없어져야 한다고 생각한다.

이 같은 도시계획심의에도 제외 업종이 있는데, 그 업종이 단독주택 허가와 근생 허가다. 예외 업종이지만 지자체별로 대상 면적을 따로 정하고 있기에, 개발하기 전 개발하려는 지역의 조례를 정확히 파악해야 할 것이다.

제2호, 제4호, 제5호에 해당하는 개발행위가 도시·군계획에 포함되지 아니한 경우 : 도시계획위원회 심의를 받도록 요청 가능(국토계획법 제59조 제3항)

녹지지역, 관리지역, 농림지역, 자연환경보전지역의 개발행위 면적이 일정 규모 미만이면 심의를 받아야 하는데, <u>다음 경우는 심의를 받지 않아도 가능하다.</u>

1. 자연취락지구, 개발진흥지구, 기반시설부담구역, 준산업단지, 공장입지유도지구
2. 도로 등 기반시설 설치에 관한 도시·군관리계획이 수립된 지역으로 인정해 지방도시계획위원회 심의를 거쳐 해당 지방자치단체의 공보에 고시한 지역에 위치한 경우
3. 다음 용도 건축물 중 조례로 정한 경우(조례로 정한 용도, 규모, 층수, 주택호수 등 범위)
   ① <u>단독주택 및 공동주택(사업계획 승인을 받아야 하는 주택은 심의대상)</u>
   ② <u>제1종 및 제2종 근린생활시설(같은 호 거목, 더목 및 러목의 시설은 심의대상)</u>
   ③ 1,500㎡ 이내 토지의 형질변경을 하는 유치원과 아동 관련 시설(보전녹지지역 및 보전관리지역에 설치하는 경우는 심의대상)
   ④ 노인여가복지시설('노인복지법' 제36조)로써 부지면적이 1,500㎡ 미만인 시설(보전녹지지역 및 보전관리지역에 설치하는 경우는 심의대상)
   ⑤ 농업, 임업, 어업 목적 창고, 동물 및 식물 관련 시설로써 660㎡ 이내의 토지 형질변경으로 한정(자연환경보전지역에 설치하는 경우

도시계획심의

(출처 : 국토교통부)

단지 내 도로가 50m 이상이 되면 도시계획심의 대상이다

　　도로변 땅을 개발하다 보면 한 필지를 여러 개의 필지로 분할하려고 할 때가 있다는 것이다. 그러다 보면 자연스레 단지 내 도로가 만들어지게 되는데 개발행위허가 기준에는 단지 내 도로가 50m 이상이 되면 도시계획 심의를 받으라고 되어 있는 것이다. 이는 굉장히 중요한 요소가 된다는 것이다. 개발행위허가에 있어 도시계획 심의의 대상이 되게 되면 허가기간과 허가 비용 등 예상치 못한 시간과 비용이 들어가게 되기 때문이다. 그렇기 때문에 개발하려는 자는 미리 가분할도를 그려 보고 단지 내 도로의 길이를 미리 파악해야 한다. 이는 필지를 개발해서 분양하려는 사람들에게는 공통적인 내용이 될 것이기에 땅을 개발하려 분양하려는 사람들은 꼭 숙지하고 있어야 할 것이다.

개발행위허가 도시계획심의 기준

국토의 계획 및 이용에 관한 법률 시행령 제57조 제1항 1호의 2 다목 11에 대하여 진입도로 50m 이상은 도시계획 심의대상입니다.
여기서 진입도로란 필지에서 새롭게 만들어지는 단지 내 도로를 의미합니다.

목적 외 허가 2(구거 점용 허가)

(출처 : 국토교통부)

사도는 동의서를 받지 않는다

사도와 현황도로의 다른 점을 살펴보겠다. 현황도로는 누가 개설했는지는 모르지만 옛날부터 길로 사용해왔던 길을 말한다. 사도는 나의 필요로 인해 직접 만든 도로를 가리켜 사도라고 하는 것이다.

원칙상 내 땅이 사도에 접해져 있다면 개발행위허가를 받을 때는 당연히 사도권자의 동의를 받아야만 개발행위허가를 득할 수 있다. 하지만 이를 악용해 토지를 매입해서 한쪽 끝으로 길을 만든 다음 사도권자의 동의를 빌미로 길 장사를 하는 사람들이 생겨나면서 새로운 법이 생기게 되었다.

그 법은 '사도일지라도 길로 포장되고 지목까지 도로로 바뀌게 되면 그 도로에 접한 땅들이 개발행위허가를 받을 때 사도권자의 동의는 필요하지 않다'라는 내용으로 바뀌게 된 것이다. 이 내용을 기반으로 필자는 사도에 붙어 있는 땅을 매입했고 그 도로가 포장이 되어 있고 지목 또한 도로였기에 사도권자의 동의를 받지 않고 개발행위허가를 득할 수 있었다. 이미 그 땅에는 건물이 지어진 상태이며, 임대를 하고 길을 정상적으로 사용하고 있었던 것이다.

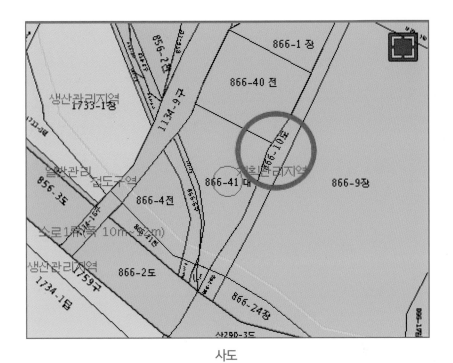

사도

(출처 : 저자 제공)

사도 2

(출처 : 저자 제공)

5,000㎡ 초과의 토지는
개발업등록증을 첨부해야 한다

토지를 개발하다 보면 5,000㎡ 이상의 토지가 개발되어 있는 모습을 자주 보게 되곤 한다. 문제는 개발업등록증인 것이다. 분명 5,000㎡가 넘는 토지를 개발했기에 인허가 시 분명 개발행위허가 담당자의 요구를 듣게 되었을 것이다. 일정 면적 이상의 토지를 개발해서 일반에게 분양하려는 자는 도에서 발행하는 개발업등록증을 제출해야 한다. 그런데 이 개발업등록증을 받기가 쉽지가 않다. 자본금 조건도 있겠거니와 전문 인력 조건이라 해서 근무하는 사람들의 조건을 정하고 있기 때문이다.

실제로 실무상에서 개발업등록증을 받기는 쉽지 않은데 시에서는 5,000㎡ 초과의 토지는 전용하려는 목적을 묻게 되어 있다. 개발하려는 목적으로 전용하게 되면 이 개발업등록증을 꼭 첨부해야 개발행위허가를 득할 수 있다. 하지만 5,000㎡가 넘더라도 개발업등록증 없이 인허가를 득하는 방법이 있다. 전용하려는 목적을 속이는 것인데, 개발해 분양할 것임에도 불구하고 자기가 직접 사용할 것이 아니라고 이야기한다는 것이다. 그러면 개발업등록증 없이 허가를 득할 수 있기 때문에 추후에 문제가 생기지 않을 것으로 생각할 수 있다. 하지만 실무는 그렇지 않다. 전용하려는 목적대로 이용해야 한다는 것이다. 즉, 이용 목적을 바꿀 수 없다는 것이다.

자가 사용 목적으로 허가를 득한 뒤 다음에 이용 목적 변경으로 매도하려면 인허가의 변경이 불가하다는 것을 알게 될 것이다. 이로써 문제를 해결하는 방법은 자가 사용이라고 받았던 허가를 죽이고, 매수자의 이름으로 허가를 다시 접수해야 한다. 토지의 면적 5,000㎡ 이상의 토지를 개발하려고 할 때는 개발업등록증이 꼭 필요하다는 사실을 잊어서는 안 될 것이다.

건축물
· 건축물 연면적 3,000㎡ 이상
· 연간 5,000㎡ 이상

주상복합 건축물
· 비주거용 연면적 3,000㎡
· 비주거용 연면적 비율이 전체 건물의 30% 이상
위 조건을 모두 충족하는 건물

토지
· 형질, 용도 변경 목적의 토지 면적 5,000㎡ 이상(주택용지 외 상업용지)
· 연간 10,000㎡ 이상

개발업등록 대상

(출처 : 저자 제공)

자본금 요건

일반법인	3억 원 이상
특수목적법인	5억 원 이상
개인	영업용 자산평가액 6억 원 이상

인력 요건

부동산 개발업 전문 인력 사전교육을 수료한 자를 다음과 같이 두어야 합니다. 사전교육을 신청할 수 있는 자격이 부동산 개발업의 관리 및 육성에 관한 법률에 규정되어 있습니다.

전문 인력

다음과 같은 경우에 해당해야 부동산 개발업 전문 인력 사전교육을 이수할 수 있으며, 이 교육을 이수한 자가 상근으로 다음과 같이 근무하고 있어야 등록이 가능합니다.

1. 2년 이상의 경력을 가지고 있는 변호사
2. 3년 이상의 경력을 가지고 있는 공인회계사
3. '부동산 투자 회사법'에 따라 자산운용 전문 인력으로 3년 이상 경력을 보유한 자
4. 상호저축은행, 은행, 증권금융회사 등 금융회사에서 10년 이상 근무하고 부동산 개발금융 및 심사업무에 3년 이상 종사한 자
5. 3년 이상의 경력을 가지고 있는 감정평가사
6. 법무사, 세무사, 공인중개사, 부동산 관련 학사(경영학, 경제학, 법학, 부동산학, 지리학, 도시공학, 토목공학, 건축학, 건축공학, 조경학 등)로서

부동산 개발 사업 실적(5년 내 건물 연면적 5,000㎡, 토지 면적 10,000 ㎡)이 있거나 매출액(5년 내 매출액 150억 원 이상)이 있는 부동산 개발업 법인 또는 개인사무소 기관 종사자

7. '건설기술진흥법' 제2조 제8호에 따른 토목, 건축, 도시/교통/조경 분야의 고급 건설기술인

8. 건축사

9. 국가, 지방자치단체, 공공기관, 지방공사 및 지방공단 부동산의 취득, 처분, 관리, 계발, 자문 관련 업무 종사자

상근 인력

일반법인	2인 이상 상근
특수목적법인	자산관리회사 소속의 5인 이상 상근

사무소 요건

독립된 사무소를 갖추되 사무소의 용도는 건축법상 근린생활시설(1, 2종 무관), 업무시설(오피스텔), 판매시설(바닥면적 1,000㎡ 이상)이어야 합니다. 사무실의 내부에는 통신장비, 사무집기를 마련해서 사무환경으로 조성되어 있어야 합니다.

첨부 서류

- 건축물대장이나 건물 등기부등본
- 임대차계약서 등

개발업등록 요건

(출처 : 저자 제공)

Part 03 | 개발행위허가 사례 3

토지사용승낙서는 당사자끼리만
효력을 발생한다

토지 시장에서 일하다 보면 토지사용승낙서라는 이야기를 자주 듣게 된다. 도로가 사유지일 때 토지주의 사용승낙서로 인허가를 득해야 하는 상황이 자주 일어나기 때문이다.

내 토지가 포장이 되지 않은 지목 전에 붙어 있는데 그 전이 현황도로로 사용되고 있을 때 그 도로의 주인으로부터 토지사용승낙서를 받아내 토지의 개발행위허가를 득하면 되기 때문에 토지사용승낙을 받아줄 테니 토지를 매입하라는 권유를 받게 되는 것이다.

하지만 문제가 있다. 토지사용승낙서는 당사자끼리만 효력이 있다. 예를 들어 현재 도로의 주인으로부터 토지사용승낙서를 받아 개발행위허가를 득하게 되고 허가받은 대로 건물을 지어 사용하고 있다가도 그 도로의 주인이 바뀌게 되면 새로운 주인은 그 도로 부지에 대해 재산권을 행사한다는 것이다. 즉, 내 땅이니 나에게 다시 허락을 받든지 사용료를 내라고 하는 것이다. 이렇게 나온다면 토지사용승낙으로 개발행위허가를 받고 건물을 지어 사용하고 있는 사람은 어떻게 되는 것일까? 정답은 다시 허락을 받든지 도로 부지 사용에 대한 사용료를 납부해야 한다.

예전에는 토지사용승낙서가 마치 만능인 것처럼 사용되었지만 이제는 토지사용승낙서에 의한 문제가 많이 발생했기 때문에 토지사용승낙서로 개발행위허가를 받으려는 사람은 많이 줄어들었다. 이런 토지사용승낙서 대신 지역권 등기라는 것이 대두되기 시작했고, 토지사용승낙서를 받는 대신 지역권 등기를 사용하게 되었다.

지역권 등기란 땅을 빌려주는 사람의 토지가 승역지가 되고 땅을 빌려 쓰는 사람의 토지가 요역지 토지가 되어서 승역지 주인과 요역지 주인이 함께 등기소에 방문해 승역지의 일부분을 길로 사용하겠다는 등기를 하는 것이다. 이렇게 등기를 치고 나면 주인이 여러 번 바뀌더라도 길로 사용하겠다고 약속한 부분은 길로 사용할 수밖에 없다.

이렇게 토지사용승낙서가 문제가 되고 지역권이라는 등기가 대신 하기 때문에 토지를 개발하거나 토지에 투자하려 하는 사람들은 토지사용승낙서가 당사자끼리만 효력이 발생한다는 것을 알고 분별력 있게 사용해야 한다.

토지사용승낙서

소유자	성 명		주민등록번호	
	주 소			
대 지 위 치	소 재 지			
	지 번		지목	
	대장면적		동의면적	

상기 토지를 _____ 사용함을 승낙합니다.

※ 첨부서류 : 인감증명서 1부

년 월 일

■ 승낙자 성 명 :   (인)
       주 소 :
       연 락 처 :

■ 사용자 성 명 :   (인)
       주 소 :
       연 락 처 :

토지사용승낙서

(출처 : 저자 제공)

가. 승역지

【을 구】				(소유권 이외의 권리에 관한 사항)
순위 번호	등기목적	접 수	등기원인	권리자 및 기타사항
1	지역권설정	2003년3월5일 제3006호	2003년3월4일 설정계약	목적 통행 범위 동측 50m² 요역지 경기도 고양시 원당면 　　　신원리 ○ 도면편철장 제5책 제9면

나. 요역지

【을 구】				(소유권 이외의 권리에 관한 사항)
순위 번호	등기목적	접 수	등기원인	권리자 및 기타사항
1	요역지지역권			승역지 경기도 고양시 원당면 　　　신원리 ○ 목적 통행 범위 동측 50m² 2003년 3월 5일 등기

지역권 등기

(출처 : 저자 제공)

용도지역별 최소분할면적이 있다

개발행위허가를 받다 보면 최소분할 면적이 있다는 것을 알고 있어야 한다. 한번은 2차선 도로변에 자그마한 토지를 매입한 적이 있다. 마찬가지로 개발행위허가를 받아 부지조성 후에 매도하려고 한 것이다. 해서 토지를 매입했고 개발행위허가를 받게 된 것이다. 그런데 내가 취득한 토지의 가장자리를 길로 포장해 길로 사용하고 있는 집을 발견하게 된 것이다. 어느 날 그 집 주인이 만나자고 하신다. 그래서 만나서 이야기를 나누게 되었다.

"이 앞에 땅을 사셨나 보네요."

"네. 이번에 매입해서 허가를 내고 공사를 한 뒤 매도하려고 합니다."

"아, 다시 매도하려고 사신 거군요."

"네. 그렇습니다."

"그럼 땅 일부분을 제가 진입로로 사용하고 있는데, 그만큼만 잘라서 저에게 매도하실 수 있을까요?"

"어차피 매도하려고 산 땅인데 그렇게 하겠습니다."

그렇게 우리는 매매를 약속하게 되었다. 그리고 토목 사무실로부터 그만큼의 면적을 체크하고 분할하게 해달라고 요구를 하게 되었다. 그런데 면적을 따져 보니 약 30㎡가 되는 것이었다. 토목 사무실로 전화가 왔다.

"김 이사. 이거 최소분할면적에 걸릴 듯한데?"

"그럼 분할을 못 하는 건가요?"

"자연녹지지역이라 최소분할면적이 200㎡기 때문에 30㎡는 분할할 수 없을 거 같아."

"아니요. 형님. 이거 길로 사용하려고 분할하는 건데 그럼 분할할 수 있지 않나요?"

"그래? 길로 사용하려는 거면 분할 할 수 있을 듯해. 분할 한번 해볼게."

그렇게 필자는 토목 사무실과 이야기를 마치게 되었다. 그리고 며칠이 지나 그 도로만큼 분할할 수 있게 되었다. 이때 나는 용도지역별 최소분할면적이 있다는 것과 최소분할면적 미만이라도 길로 사용하겠다고 입증하면 분할이 가능하다는 것을 알게 되었다.

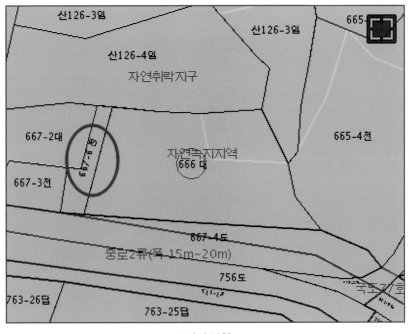

최소분할면적

주거지역 : 60㎡

상업지역 : 150㎡

공업지역 : 150㎡

녹지지역 : 200㎡

그 외 지역 : 60㎡

산126-3임

산126-3임

665

산126-4임

자연취락지구

667-2대

667-6전

665-4전

자연녹지지역
666 대

667-3전

667-4도

중로2류(폭 15m~20m)

756도

국도7호

763-26답

763-25답

조암리 분할

(출처 : 저자 제공)

조암리 분할 현장

(출처 : 저자 제공)

분할면적 미만으로 분할이 가능한 경우

국토의 계획 및 이용에 관한 법률 시행령 제56조 / 별표 1의 2

(가) 녹지지역 · 관리지역 · 농림지역 및 자연환경보전지역 안에서의 기존묘
   지의 분할

(나) 사설도로를 개설하기 위한 분할('사도법'에 의한 사도개설허가를 받아 분할
   하는 경우를 제외한다)

(다) 사설도로로 사용되고 있는 토지 중 도로로서의 용도가 폐지되는 부분
   을 인접토지와 합병하기 위하여 하는 분할

(라) 삭제

용도지역별 용도배율이라는 것이 있다

토지의 세금 중 비사업용 토지에 대한 양도소득세 중과 부분은 가장 중요하다고 생각해도 무방할 것이다. 지목별로 사업용 토지와 비사업용 토지의 구분이 확연하게 되어 있다. 그중에서도 지목 대지에 대한 비사업용 토지에 대한 구분을 정확히 알아두어야 할 필요가 있다. 왜냐하면 이제는 수익형 토지로 만드는 개발을 할 것이기 때문에 건축의 부분을 정확하게 해두어야 하기 때문이다.

부지 1,000평이 있다고 가정하자. 주택건물이 10평 정도 지어져 있다고 했을 때 이 토지가 사업용인지 비사업용인지를 구분해야 한다. 또한, 건물이 상업용 건물이라고 한다면 이 토지는 어디까지가 사업용이고 어디부터가 비사업용 토지라는 것인지를 알아야 한다.

이것을 알기 위해 용도지역별로 몇 평까지 사업용 토지인지를 판가름나게 해주는 것이 바로 용도배율이라고 한다. 부지가 1만 평이 있는데 주택건물 10평이 있다고 해서 1만 평 전체가 사업용 토지라고 할 수는 없기 때문이다.

용도배율은 2가지가 존재하는데, 주택부수토지에 의한 용도배율과 상업용 건축물에 대한 용도배율이 있다.

예를 들어 주택부수토지의 용도배율은 비도시지역일 경우 주택 정착면적의 10배까지 사업용 토지로 본다. 토지가 100평인데 주택건물이 10평이 있다고 가정하면 주택 면적 10평 곱하기 10배이기 때문에 100평 전체가 사업용 토지가 된다는 것이다.

이제 상업용 건물의 용도배율을 살펴보자. 토지가 100평인데 상업용 건물이 10평이 있다고 가정하면 관리지역에서 용도배율이 7배이기 때문에 본 토지가 계획 관리지역이라고 할 경우 70평까지는 사업용 토지가 되는 것이고, 나머지 30평만큼은 비사업용 토지가 되는 것이다.

이렇게 용도배율은 해당 토지가 사업용 토지인지 아니면 비사업용 토지인지를 구분시켜주는 것이기 때문에 꼭 알아두어야 한다.

주택부수토지

⑦법 제89조 제1항 제3호 각 목 외의 부분에서 "지역별로 대통령령으로 정하는 배율"이란 다음의 배율을 말한다. 〈개정 2020. 2. 11〉

1. '국토의 계획 및 이용에 관한 법률' 제6조 제1호에 따른 도시지역 내의 토지 : 다음 각 목에 따른 배율
가. '수도권정비계획법' 제2조 제1호에 따른 수도권(이하 이 호에서 "수도권"이라 한다) 내의 토지 중 주거지역·상업지역 및 공업지역 내의 토지 : 3배
나. 수도권 내의 토지 중 녹지지역 내의 토지 : 5배
다. 수도권 밖의 토지 : 5배

2. 그 밖의 토지 : 10배

주택부수토지 용도배율 정리

- 도시지역 수도권에서 주거지역, 상업지역, 공업지역은 주택 정착면적의 3배
- 녹지지역 내에서는 5배
- 수도권 밖에서 주거지역, 상업지역, 공업지역, 녹지지역에서는 5배
- 그 밖의 토지는 10배

상업용 건물 용도배율

전용주거지역: 5배

준주거지역, 상업지역 : 3배

일반주거지역, 공장지역 : 4배

녹지지역 : 7배

미계획지역 : 7배

도시지역 외의 용도지역 : 7배

현장에서 배수로와 용수로를 구별하는 법

개발행위허가를 득하기 위해서는 도로조건을 만족해야 하고 그와 더불어 배수로 조건을 만족해야 한다. 즉, 화장실 물이 흘러가야 하는 물길이 필요하다는 것이다. 인공 배수로 맨홀을 발견하지 못한다면 자연 배수로를 찾아야 한다. 그런데 구거라는 지목으로 쓰임새에 따라 배수로와 용수로의 2가지 역할을 하고 있다. 배수로라 함은 화장실 물이 흘러내려 가 바다로 흘러가는 물길을 이야기하는 것이고, 용수로라 함은 가까운 논에 물을 대어 주기 위하여 인근 저수지로부터 흘러 내려오는 물길을 이야기하는 것이다. 그런데 문제는 용수로에는 화장실 물을 연결할 수 없다는 것이다. 논농사를 짓기 위해 논으로 흘러들어가는 물길이기 때문에 화장실 물을 연결할 수 없다는 것이다.

이를 다시 말하면 내가 가진 땅 인근에 배수로가 존재한다면 건물을 지을 수 있게 개발행위허가가 난다는 것이다. 내가 가진 땅 인근에 구거 부지가 있더라도 그것이 용수로에 해당한다면 건물을 지을 수 없고 개발행위허가가 나지 않는다.

현장에서 배수로와 용수로를 구별할 때 인근 논보다 높은 위치에 있다면 용수로일 확률이 높고 인근 논보다 낮은 위치에 있다면 배수로일 확률이 높다. 더 정확히 하게 하기 위해서는 구거를 발견하게 되면 즉시 시청으로 배수로 여부를 확인하면 된다.

필자는 옛날에 매입하려는 땅 근처에 구거 부지를 보고 배수로라고 생각하고 매입한 적이 있다. 그런데 알고 보니 그게 배수로가 아니었고 용수로란 사실을 알게 되었다. 배수로는 300m 떨어진 곳에 있었다. 허가를 득하는데 아무런 문제가 생기지 않았기 때문에 나는 당연히 그 구거 부지가 배수로일 것이라 생각했다. 그런데 멀리 떨어진 곳으로 배수 연결 계획이 잡혀 있다는 것을 공사를 시작하면서 알게 된 것이다. 그래서 300m 떨어진 곳으로 배수 연결을 해야만 했다. 예상치 않은 공사비용이 들게 된 것이다. 물론 다행히 좋은 값을 받고 매도했기에 큰 수익이 난 현장으로 기억하고 있지만, 개발행위허가를 득할 시 도로 조건도 유심히 살펴야하겠다. 배수로도 배수로인지 여부와 정화한 위치를 확인해서 예상치 않은 공사비용이 들지 않게 해야 한다.

자연배수로

(출처 : 저자 제공)

용수로

배수로로 오해

300m 떨어진 배수로 : 300m 떨어진 배수로 현장 모습

개발행위허가로 토지 분할하는 법

개발을 실행하기 위해 개발행위허가를 이용해야 하며 개발행위허가에서 토지를 분할하는 법은 개발에서 가장 핵심이라고 해도 과언이 아닐 것이다. 1,000㎡의 땅이 있다고 가정하자.

이제는 더 이상 목적 없는 분할이 불가능하기 때문에 분할을 하게 하기 위해서는 개발행위허가에 의한 분할로 분할해야 한다. 1,000㎡의 토지를 200㎡씩 5개의 토지로 분할할 수 있을까? 정답은 '그렇지 않다'이다. 1,000㎡의 토지를 5개의 토지로 분할하기 위해서는 단지 내 도로가 필요하게 된다. 단지 내 도로가 적어도 100㎡ 정도는 필요하게 될 것이라는 이야기다.

즉, 1,000㎡ 규모의 농지를 5개로 분할하기 위해서는 단지 내 도로가 100㎡를 차지한다고 하면, 각 부지는 균등하게 잘랐을 때 180㎡씩 5개 부지에 1개의 단지 내 도로필지 100㎡가 될 것이다. 매도할 때는 본부지 A부터 E 부지까지라고 하고 도로필지 F가 된다는 것이다. 그럼 분양할 때는 A 부지+F/5필지가 되는 것이다. 이런 식으로 가분할을 하게 되고 각 부지의 매수자를 잡아 매수자의 이름으로 개발행위허가를 신청하게 된다.

허가의 내용을 살펴보면 1,000㎡ 중 도로필지 100㎡로 1건, 1,000㎡중 180㎡로 2건, 1,000㎡중 180㎡로 3건, 1,000㎡ 중 180㎡로 4건, 1,000㎡ 중 180㎡로 5건, 1,000㎡ 중 180㎡로 6건 이렇게 6건의 허가를 접수하게 되는 것이다. 그러면 한 달 반 정도 걸려 6건의 개발행위허가가 처리가 된다. 이후 비로소 지적공사에 분할측량을 신청하고, 분할측량을 하게 되면 측량 후 열흘 정도의 시간이 흘러 지적정리가 된다. 이후 공부상의 필지번호가 부여되고 분할이 이루어지는 것이다. 개발을 실행하기 위해서는 이렇게 개발행위허가의 분할이 어떻게 이루어지는지를 알아야 할 것이다.

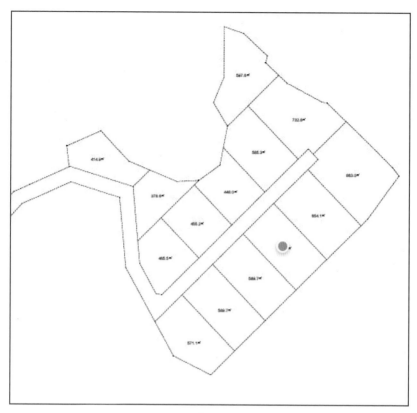

가분할도 샘플

(출처 : 저자 제공)

현황도로로 개설한 도로 소유권자가
재산권을 행사할 때

개발행위허가를 득하기 위해서는 도로가 건축법상의 도로가 되어야만 한다. 건축법상의 도로가 되기 위해서는 3가지 조건이 있다. 그중에 하나는 현황도로가 건축법상의 도로가 되는 것이다. 옛날부터 써 왔던 길이며, 도로 지정공고가 되면 현황도로가 건축법상의 도로로 인정되어서 개발행위 허가를 받을 수 있게 되는 것이다. 그러나 어디까지나 현황도로는 사유지인 셈인 것이다.

이렇게 도로 지정공고까지 되어서 관공서는 현황도로를 건축법상의 도로라고 인정해 개발행위허가를 내주지만, 추후에 현황도로의 주인이 재산권 행사를 하게 되면 허가를 내준 관공서도 어찌할 방법이 없다고 이야기한다.

참 어이없는 일이 아닐 수 없다. 이럴 거면 아예 처음부터 허가를 내주지 말 것이지, 허가는 내줘놓고 현황도로의 주인이 재산권 행사를 하면 어찌할 방법이 없다고 이야기하는 것을 어떻게 받아드려야 할지 모르겠다. 즉, 개발행위허가는 완벽한 행정이라고는 생각할 수 없다. 개발행위허가에서는 무조건적인 것은 없다는 것을 알고 있어야 한다. 정상적으로 허가를 받은 것이 추후에 문제가 될 수도 있음을 유념해야 한다는 것이다. 많은 사람이 개발행위허가를 놓고 이것이 맞다, 저것이 맞다 하며 토론하는 것은 이러한 이유 때문이라는 것을 명심해야 한다.

재량행위
載量行爲

행정기관이 행정법규를 구체적으로 적용하고 집행하거나 그 행위의 내용을 정할 때, 자유롭게 판단하고 처리함을 인정하는 처분

맹지가 갖는 권리가 있다

맹지가 갖는 권리가 있다. 이것은 어디까지나 필자의 생각이다. 가능할지 불가능할지는 행동에 옮겨봐야 가능할지 여부를 알 수 있을 것 같다.

먼저 맹지라고 하는 것의 의미는 길이 없는 땅을 말한다. 그런데 이 맹지가 민법상 가지는 권리가 있다는 것이다. 바로 주위 토지 통행권이라는 권리인 것이다. 길이 없는 맹지는 내 땅으로 가기 위해 어쩔 수 없이 남의 땅을 밟아야 하는데 이러한 이유로 맹지는 주위 토지 통행권이라는 권리가 있다. 내 땅으로 가기 위해 남의 땅을 밟아야 하는 권리인 것이다. 이러한 이유로 맹지는 길이 연결된 맹지 앞의 땅 주인에게 길을 개설해달라는 요구를 할 수 있게 된다. 요청을 받은 맹지 땅 앞에 주인은 요구를 들어주어야 한다. 또한, 길 개설의 요청을 받은 맹지 앞 땅 주인은 이를 거절하지 못한다는 것이다.

요청을 받은 맹지 앞 땅 주인은 2m 내외의 보행자 도로를 개설해줘야 하고, 개설된 도로는 건축법상의 도로는 아니기 때문에 맹지 땅 주인은 그 길을 통해 건축허가는 득할 수 없다.

그런데 필자는 이런 생각을 하게 되었다. 만약 맹지의 지목이 대지이고 면적이 1,000㎡ 미만의 토지일 때 주택과 근생 1종으로 건축허가를 득하려 한다면, 도로의 폭을 건축법상의 도로 폭을 만족하지 못해도 허가가 날 수 있지 않을까? 그 때문에 건축허가를 받을 수 있는 건 아닐까, 하고 말이다. 또한, 사유지의 현황도로 개념이지만 현황도로를 담당자의 재량으로 얼마든지 건축법상의 도로가 될 수 있다고 했기 때문에 충분히 가능할 수도 있다고 생각하는 것이다. 또한, 주위 토지 통행권에서 길을 내는 목적은 본래의 목적대로 이용일 경우 인정한다고 되어 있다. 대지의 본래 목적은 건물을 짓는 것이기에 '건물을 지을 수 있는 건축허가가 가능하지 않을까?'라는 생각을 하게 되었다.

물론 이런 일이 가능할지는 미지수다. 하지만 만약 그렇게 된다면 다소 특별한 경우이지만 맹지인 토지에 길을 낼 수 있는 새로운 방법이 될 수도 있다고 생각한 것이다. 어디까지나 필자의 의견일 뿐이기에 가벼운 마음으로 생각해주길 바라는 마음이다.

주위 토지 통행권 질문과 답변

질문

A씨는 새집을 사서 이사했다. 집 뒤편에는 산이 있어 통로는 집 앞 공터를 이용하게 되었다. 마침 전 집주인과 공터 주인이 같아 공터 가장자리 중 손수레가 다닐 수 있는 너비만큼 무상으로 사용할 수 있었다.

그런데 2년 후 그 공터를 B씨가 사서 집을 짓기 시작했다. A씨가 통행로로 사용하던 부분은 인정할 수 없다며 그곳을 포함해 담을 쌓기 시작했다.

담이 완성되면 A씨는 자기 집에 드나들 수 없게 된다. 어떻게 해야 할까?

답변

A씨는 B씨의 토지로 통행할 수 없게 되면 A씨 소유의 땅이 제대로 이용될 수 없다는 사회경제적 측면의 손실을 입게 된다. 이처럼 어느 토지와 공로 사이에 그 토지의 용도에 필요한 통로가 없는 경우, 그리고 그 토지 소유자가 주위 토지를 통로로 하지 않으면 공로에 출입할 수 없거나 과다한 비용을 요구된다면, 그 주위 토지를 통행하거나 필요한 경우 통로를 개설할 수 있는 권리를 '주위 토지 통행권'이라고 한다.

따라서 A씨는 B씨에게 통로 부분에 담을 쌓지 말고 개방하도록 요구할 수 있다. 다만 B씨의 권리도 존중해야 하므로 B씨가 가장 손해가 적은 방법을 사용해야 한다. 만일 이로 인해 B씨에게 손해가 발생하면 배상해야 한다. 그러나 통행로 부분의 소유권은 여전히 B씨에게 있으며, A씨는 오직 통행의 목적으로만 사용할 수 있다.

토목공사 끝난 토지는 사기당할 수 있다

토지 투자를 하다 보면 이미 개발행위허가를 득하고 토목공사가 완료된 토지를 많이 보게 된다. 이렇게 토목공사가 되어 있는 토지를 보면 조심할 것이 하나 있다. 개발과정의 절차상 토지를 매입하고 개발행위허가를 득한 후, 토목공사를 시작하고 건축허가를 득해서 건물까지 짓게 되면 그때 비로소 토목준공을 받는다는 것이다. 다시 말해서 토목공사가 되어 있다고 해서 그 토목공사가 도면대로 제대로 되어 있다고는 장담할 수 없다는 것이다.

건물을 지을 때야 비로소 토목공사가 제대로 도면대로 되었는지를 검사한다. 만약 검사할 때에 토목공사가 도면대로 되어 있지 않는다고 한다면 큰 낭패를 볼 수 있는 것이다. 토목공사가 되어 있는 토지를 보게 되면 설계했던 토목 사무실에 의뢰해 공사가 제대로 되었는지를 체크해야 한다. 그렇지 않고 토지를 매입했다가는 예상치 않은 일로 송사에 휩싸일 수 있기 때문에 조심 또 조심해야 한다.

이 개념으로 우리는 생각해낼 수 있는 것이 하나 있다. 우리가 개발하기 위해 토지를 매입하고 개발행위허가를 득한 뒤 부지조성을 하려고 할 때 토목공사를 진행하고 토목공사가 끝나는 대로 토목준공을 받는 것이 아니기 때문에, 부지조성에 있어 우리가 준비되어 있는 자금만큼 공사를 진행하면 된다는 것이다. 아마도 공사를 실행하기 위해 공사 사업자를 만나면 이런 대화를 나눌 것이다.

"토목공사를 하려고 하는데요. 현장을 보시고 견적을 내주시면 감사하겠습니다."
"네. 현장 둘러보고 견적을 드리겠습니다."

아마도 이런 대화를 나눈 뒤 견적을 기다리게 될 것이고 수일이 지나서 견적을 받게 되면 깜짝 놀라게 된다. 그 이유는 예상치 않게 토목공사 비용이 너무 많이 나오기 때문이다. 왜냐하면 각종 공사가 견적에 포함됐기 때문일 것이다.

여기서 필자가 하려는 이야기는 이 공사의 모든 공정을 다 할 필요가 없다는 것이다. 내가 토목공사를 진행하려고 하는 이유는 더 좋은 값에 매도하려 하기 위함이지 건물을 짓기 위한 토목공사가 아니라는 것이다. 즉, 내가 가지고 있는 자금만큼 공사하면 되는 일이지. 돈도 없는데 토목공사의 전 공정을 내가 할 필요는 없다는 것이다.

공사 사업자들에게 이렇게 이야기하면 똑같은 표현을 한다. 공정이 빠진 토목공사가 어디 있냐고 말이다. 마치 하나의 공정이라도 빠지게 되면 자기는 못 한다는 식으로 이야기를 하면서 공사를 하려는 나를 마치 죄인 대하듯이 하는 모습을 보게 된다.

우리는 죄인이 아니다. 그저 토지를 매입해서 비싸게 매도하려고 하는 토지 투자자일 뿐이다. 우리가 토목공사 전문가도 아니고 다만 건물을 지으려는 매수자에게 공사의 전체를 하게 하기 미안하고 좋은 값에 매도하기 위해 공사를 하는 것뿐이다.

그렇다면 좋은 값에 매도할 수 있는 공사만을 하면 되는 것이다. 토지를 편평하게 만들고 토지 전체를 이용할 수 있겠다. 라는 생각이 들 정도만 공사하면 된다는 것이다. 그것이 성토, 절토 공사와 구조물 공사인 것이다. 나머지 공사는 건물을 지으려고 하는 매수자의 몫인 것이다.

필자는 토지를 매도하면서 토목공사를 완료한 것이 아니고 그저 토목공사 일부만 해놓았을 뿐이라고 한다. 그것이 문제가 될 수는 없는 것이다. 토목공사 전체를 내가 하지 않았다고 해서 토지를 매도하는 데는 아무런 문제가 없다. 당당하게 매수자에게 토목공사를 다 한 것은 아니고 일부 공사한 것이라고 이야기하면 되는 것이다. 그렇기에 토지를 개발하려는 사람들은 토목공사에 대한 두려움을 가질 필요가 없다. 내가 가지고 있는 비용만큼만 공사를 한다고 생각하면 된다는 것이지, 토지 개발을 너무 어렵게 생각할 필요가 없다는 것을 명심하면 되는 것이다.

성절토공사

구조물공사

인허가권 관계자 변경이 안 될 수 있다

개발행위허가 받은 토지를 매입하려고 할 때 인허가권의 관계자 변경이 당연하게 되리라 생각하다가는 큰 낭패를 볼 수 있다. 일전에 개발행위허가를 득한 농지를 매입한 적이 있다. 2차선 도로변 코너의 땅에 평수가 400평 정도 되는 네모반듯한 토지였던 것이다. 현장에 가서 토지를 보고는 너무나 마음에 들어 그 자리에서 계약의 의사표시를 해버린 기억이 있다는 것이다. 앞에는 큰 도로와 뒤에는 공장들이 있는 것을 보고 이 자리에는 다가구 건물을 짓게 되면 기가 막힐 것으로 생각하게 된 것이다. 나는 혹여라도 계약금의 배액을 물고 일방적으로 계약을 해지할 수 있을 그것으로 생각하여 계약금으로 5,000만 원을 지불하게 된 것이다. 그렇게 계약을 마치고 나는 이제 잔금 치를 날만을 기대하고 있었던 것이다. 그 토지는 전원주택으로 개발행위허가까지 완료되어 있는 상태였기 때문에 관계자 변경으로 인허가권을 양도 양수받으면 된다고 생각하게 된 것이다. 계약하자마자 인허가권 변경을 하기 시작했고 시간이 문제일 뿐이고, 관계자 변경은 당연히 될 것으로 생각하고 기다리게 되었다. 그런데 어느 날 토목 사무실로 전화가 온다.

"네. 여보세요."

"김 이사. 큰일 났어. 관계자 변경이 힘들 것 같은데."

"네? 관계자 변경이 안 된다고요?"

"이 토지에는 근저당이 설정되어 있고 지상권도 같이 잡혀 있어서 지상권 설정 동의서를 첨부해야 허가 변경이 되거든. 그래서 은행에 동의서를 요구했더니 꿔 간 돈을 갚지 않으면 동의해줄 수 없다고 해서 말이야."

"아니 동의해주고 내가 매수자니 근저당 승계해서 꿔간 돈 내가 갚을 건데 왜 못 해준다는 건가요?"

"그게 일단 대화가 안 되네."

"거기가 어디 은행인가요?"

나는 한걸음에 은행으로 향하게 된 것이다. 속으로 그렇게 생각했다.

'아니 내가 소유자로 바뀌면 근저당도 내가 승계해서 내가 갚을 것인데 왜 동의를 안 해준다는 것인지 도저히 이해할 수 없네.'

"아니 왜 동의를 못 해주신다는 건가요?"

"아, 이분은 이자를 갚지 않으셔서 은행 자체적으로 블랙리스트가 되셨습니다. 해서 돈을 갚기 전에는 어떤 것도 도와드릴 수 없습니다. "

"아니요, 저에게 소유권이 오면 근저당도 제가 인수해서 제가 돈을 갚을 건데 소유자가 바뀔 수 있게 도와주시면 안 되는 건가요? "

"네. 그렇습니다. 은행에서는 도와드릴 수 없을 것 같습니다."

"네. 알겠습니다."

그렇게 나는 사무실로 돌아오게 되었다. '은행이 지상권 동의서를 안 해주는 일도 있구나' 라는 생각을 하며 돌아왔다. 바로 이러한 이유로 계약을 파기했고 이미 지급한 계약금도 돌려 받게 된 것이다. 이를 잘 생각하면 우리가 토지를 매입해서 개발행위허가를 득하게 되고 만약 대출금에 대한 이자를 갚지 못하게 된다면, 은행에서는 지상권 동의서를 해주지 않기 때문에 매도할 수 없다는 것을 꼭 명심해야 한다는 것이다. 토지를 개발한 후에 근저당을 설정하고 지상권까지 설정하게 된다면 대출금에 대한 대출이자는 절대로 연체해서는 안 된다는 것을 꼭 기억해둬야 한다.

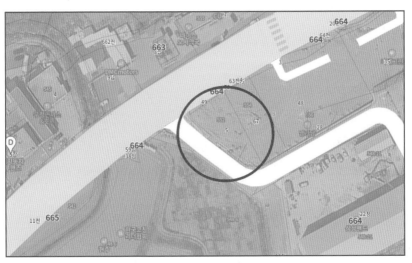

관계자 변경 1 : 매입할 당시 현장 모습

(출처 : 저자 제공)

관계자 변경 2 : 현재 다가구 건물이 지어져 있는 상황

(출처 : 저자 제공)

임야는 가상의 도로로 한 건밖에
허가가 나지 않는다

조금 어려운 이야기를 해보려 한다. 하지만 임야를 개발하다 보면 이 개념을 정확히 이해하지 못하고 있다면 개발이 힘들어질 수 있기에 어렵지만, 이야기해보려 하는 것이다.

앞에서 수많은 개발행위 사례를 설명했기에 여기까지 읽은 당신은 이제 개발행위허가를 어느 정도는 이해할 수 있게 되었다고 생각한다.

결론부터 이야기하면 이런 것이다. 임야를 개발하려고 할 때 임야는 가상의 도로로는 한 건의 허가밖에 득하지 못한다. 그러니까 다른 허가를 득하기 위해서는 가상의 도로가 아닌 실제 도로의 모습이고, 지목 또한 도로이어야 한다는 것이다. 과연 이 말을 이해할 수 있을지는 모르겠지만 책의 후미에 이런 내용을 적는 이유는 이제 충분히 개발행위허가에 대해 이해할 수 있을 것으로 생각하기 때문이다.

인허가에 있어 가분할도에 그려진 모습으로 동시에 허가접수를 할 수 없다. 지금 당장 가분할 도로 분양을 했다 할지라도 허가받은 본 부지에 건물을 지어 건물 준공을 득해야만 길 준공이 된다. 길 준공이 되어야만 가분할 도로로 인허가를 접수할 수 있다는 것이다. 여기서 건축물을 지을 것 없이 그냥 길만 길로만 포장해서 준공을 내면 된다고 생각할 수 있다. 하지만 임야에서는 본 부지와 진입로의 허가가 한 건으로 뭉쳐져 있다. 그렇기에 본 부지에 건물을 지어 준공을 득하지 않으면, 단지 내 도로 또한 아무리 포장을 해서 도로의 형상을 만든다고 해도 지목이 도로로 바뀌지 않고 그대로 임야다. 그러면 현장에 있는 이 도로를 통해 허가를 낼 수 있는 것이 아니라 현장의 모습은 도로일지라도 지목이 임야이기 때문에 허가를 득할 수 없다.

이제 조금 이해할 수 있을지 모르겠다. 지금 당장 이해하지 못하더라도 임야를 개발할 때는 가상의 도로로 한 건밖에 허가가 나지 않는다는 것을 명심해야 한다.

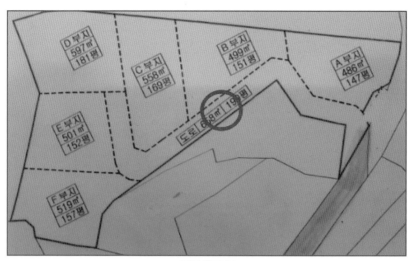

가상의 도로

빨간 동그라미 - 가상의 도로라고 하면 위처럼 가분할을 했다 할지라도
도로와 연결된 본 부지에 건물을 지어 준공을 득해야만 도로에 붙은 다른 필지도
인허가 접수가 가능해진다.

(출처 : 저자 제공)

민원 탓에 허가받은 대로 공사하지 못할 수 있다

이제 마지막으로 토지 개발의 가장 큰 난제인 민원에 관해서 이야기해보려 한다. 실제로 개발을 해보지 않은 사람은 이 민원의 무서움을 잘 알지 못한다. 토지 개발이 만약 실패한다면 그 실패한 원인이 바로 이 민원 때문일 것이다.

예를 들어 한 가지 경우만 설명하겠다. 필자는 일전에 토지를 매입해서 개발행위허가를 득한 적이 있다. 사업의 목적은 제조장으로 인허가를 득하여 공장을 지을 계획이었다는 말이다. 그렇기에 땅을 매입했고 개발행위허가까지 받게 된 것이다. 허가를 받게 되면 배수계획도 그 허가 안에 포함되기 때문에 그 배수계획대로 공사해야만 한다. 그런데 개발행위허가의 배수계획에는 농로 2m 정도의 길을 따라 200m가량 관을 묻고 배수 연결을 하게 되어 있었다. 허가를 받는 데는 아무 지장이 없었다. 문제는 이제부터라는 것이다.

공장 건물을 짓기 위해서는 먼저 배수 연결이 되어 있어야 하는데 배수로가 2m 농로 길을 따라 200m를 가야 한다. 굴착기가 앉을 공간도 확보되지 않은 상황에서 관까지 묻어야 한다. 땅 중간을 파헤치다 보면 길 양쪽 옆의 논으로 흙이 굴러떨어질 것이 당연하기에 농작물에 피해를 줄 것이 자명한 일이라는 것이다. 이런 상황에서 공사를 강행한다는 것이 절대 쉬운 일이 아니다. 동네에 농사짓는 분들이 이를 가만히 지켜보고 있지는 않을 것이라는 말이다. 해서 관을 묻어야 하는 상황에서 동네 어르신들의 반대에 가로막혀 공사하지 못한 일이 있다.

결국에 그 땅을 다시 매도해야만 했고, 이 일로 인해 필자는 엄청난 손해를 감수해야만 했다. 필자가 하고 싶은 말은 개발행위허가는 지극히 정상적으로 배수로에 배수 연결을 하게 되어 있었지만, 실무상에서는 공사가 이루어지지 않을 수도 있다는 것을 꼭 유념해야 할 것이다.

이제 필자가 경험했던 개발행위허가의 사례들을 절반 정도를 이야기한 듯하다. 더 많은 개발행위허가 사례가 있지만, 앞서 설명했던 사례들만으로 내가 얼마나 개발행위허가를 잘 이해하고 있는지는 설명이 됐을 것이라고 생각한다.

이제 이 개발행위허가라는 이 무기로 토지 투자를 어떻게 해나가려고 하는지를 설명할 것이다. 필자의 개발행위 지식을 믿을 수 있다면, 많은 분이 필자와 함께 투자를 같이 해나가기를 간절히 바라는 마음이다.

우리는 투자 동반자

CHAPTER

4

토지 투자 실전

어떤 토지가 돈이 되는 토지인지 모른다

토지 시장이 정말 메리트 있는 것은 경쟁 상대가 그리 많지 않기 때문이다. 일단 토지를 매입하려는 사람들은 토지 매입 전 불안감에 휩싸인다. 매입하려는 땅에 대한 강한 자신감이 없기 때문이다. 그냥 막연하게 '토지' 하면 알아야 할 것들이 너무 많다고 생각하는 것이다. 그렇다고 무엇을 알아야 하는지도 콕 꼬집을 수 없는 것이다. 이런 상황이다 보니 좋은 땅임에도 불구하고 거래가 잘 안 된다.

많은 사람이 이야기한다. 정말 좋은 땅을 보면서도 저 땅에 무슨 문제가 있기 때문에 거래가 안 되고 있다고 말이다. 그러면서 살 수 있는 여력이 되면서도 살려고 하지 않는다. 이런 시장이 토지 시장이다. 막말로 한다면 눈 뜬장님들이 모여 있는 시장이다. 이런 시장에서 정말 땅을 놓고 좋은 땅, 나쁜 땅을 판단할 수 있는 능력이 있는 사람이나 집단이 있다면 우리는 그 사람과 함께여야 할 것이다. 하지만 그런 사람이나 집단을 찾는 일이 결코 쉬운 일이 아니다.

결국, 토지 시장에서 토지 투자를 하는 사람들 대부분이 어떤 토지가 돈이 되는 토지인지를 모르는 것이다. 이런 상황에서 당신은 토지를 보는 눈이 있는 사람이나 집단을 찾아내기만 한다면 경쟁자 없는 시장에서 많은 돈을 벌 수 있을 것이다.

돈이 되는 토지

(출처 : freepik.com)

토지 투자는 대출이자에 대한 부담이 너무 크다

땅값이 너무 오르다 보니 받아야 하는 대출금액이 커지게 되었다. 그러다 보니 금리가 조금만 높아져도 대출이자에 대한 부담이 너무 크게 느껴지는 것이다. 이렇게 대출이자가 너무 커지다 보니 아주 좋은 토지를 매입했음에도 불구하고 땅을 던지게 된다. 어차피 기다리면 이기는 싸움이라는 것을 뻔히 알고 있으면서도 지금 당장 대출이자를 감당하기 어렵기 때문에 헐값에 매도하려 한다는 것이다.

토지 투자에서는 이게 가장 어려운 현실이다. 그렇다고 해서 개인의 힘으로 대출을 최소화하거나 대출을 안 받는 것은 거의 불가능한 일이기 때문에 투자하려고 하는 사람들은 어떻게 보면 도박을 하고 있는 것이다. 토지 매입 시 대출은 받되 그 대출이자를 감당할 수 있는 기간을 정해놓는다. 그 안에 팔리면 다행이겠지만 만약 내가 정해놓은 기간 안에 팔리지 않는다면 대출이자 부담에 땅을 던져야 하는 단계에 이른다. 시간이 가면 갈수록 괜

찮은 토지의 가격은 계속해서 올라갈 것이다. 그렇다면 이제 토지 시장에서 개인의 힘으로는 투자에 성공할 확률이 매우 낮아질 것이다.

투매 현상

토지 가격이 혼자 투자하기에는 너무 크다

이제는 수도권에서 토지에 투자하려면 수중에 몇억 원 정도는 쥐고 있어야 투자가 가능하다. 토지 가격이 너무 많이 올라버린 것이다. 토지 투자를 꿈꾸는 사람들은 너무 많은데 그 사람들은 현금이 그리 많지 않다. 그렇다면 이제는 더 이상 토지 투자는 힘들어진다는 것인가?

수도권의 토지 가격은 시간이 지나면 지날수록 올라가게 될 것이다. 이제는 토지 투자를 소액으로 할 수는 없는 일인가? 정답은 그렇지 않다.

돌려 말하지 않겠다. 이제는 토지의 강력한 집단이 현금을 모아 공동으로 투자해야 한다. 토지를 다루는 집단이 투자하게 된다면 개인당 적은 금액을 모으더라도 큰 금액이 될 것이다. 그렇게 대출도 안 받을 수 있는 상황이 되고, 대출을 받지 않으면 대출이자에 대한 부담도 없어지게 될 것이다. 또한, 집단 투자는 법인으로 투자가 이루어질 것이기 때문에 차익에 대한 세금도 최소화할 수 있다.

이제 토지 시장에서 개인의 힘으로 투자하기는 현실적으로 힘들어졌다. 이제는 집단의 투자만이 이 토지 시장에서의 답이 될 것이라는 이야기다.

집단 투자

(출처 : pixabay.com)

토지를 개발하면 단기간에 수익을 얻을 수 있다

토지 투자의 핵심은 토지를 개발하는 것이다. 즉, 개발행위허가를 얼마나 잘 받느냐가 관건이 될 것이라는 이야기다. 하지만 많은 토지 투자자들은 이 개발행위허가라는 것을 잘 모른다. 그러다 보니 토지에 투자해 단기간 안에 매도한다는 것은 절대 쉬운 일이 아니라는 것이다.

다른 것들은 모두 그 분야 전문가에게 일을 맡기면서 유달리 투자에 있어서는 자기가 해내려고 한다. 그게 얼마나 힘든 일인지를 알아야 한다. 몇십 년을 그 분야에 몸담고 그 일을 해 온 사람이 있는데, 한 번도 해보지 않거나 한두 번 해본 사람이 그 전문가처럼 하려고 한다는 것이 현실적으로 얼마나 힘든 일인지를 알아야 한다는 것이다. 그렇다면 우리는 그 전문가를 찾아내어 그와 투자를 함께 해나가면 된다. 그것이 이 냉혹한 토지 투자 시장에서 살아남을 수 있는 길일 것이다.

부지조성

(출처 : pixabay.com)

단기 투자는 법인 투자가 답이다

시대가 많이 변하고 있다. 사람들은 이제는 어디에 투자해도 단기간에 투자 수익이 나는 것을 선호한다는 것이다. 그 투자 수익이 크지 않아도 돈을 벌어가는 재미. 이것을 선호하게 된 것 같다는 이야기다.

앞에서도 설명했지만, 개인 명의로 투자가 이루어지면 세금을 내고 나면 나에게 돌아오는 수익은 거의 없는 것이 현실이다. 딱 꼬집어 토지 투자를 놓고 이야기한다면 개인으로 토지를 매입하여 단기간에 매도한다고 하면 세금을 거의 60% 가까이 내야 한다. 또한, 토지를 매입하여 들어간 이자비용도 경비처리할 수 없다. 그리고 나면 이익을 보고 매도했다고 한들 단기 양도소득세와 비용 등을 제하면 나에게 돌아오는 것은 아주 미미하다는 이야기다.

이제는 단기 토지 투자를 꿈꾸는 사람들이라면 개인이 아닌 법인으로 투자해야 할 것이다. 그래야만 단기 매도 시 세금 등을 납부하고도 적지 않은 수익을 남길 수 있다. 토지 투자의 단기 투자는 법인으로의 투자가 이루어져야 수익을 예상할 수 있다고 생각하면 될 것이다.

단기 투자

(출처 : 저자 작성)

공동투자하면 가장 큰 위험 요소는?

토지를 공동투자하게 되면 가장 큰 문제점은 무엇이 있을까? 아마도 서로 간의 생각이 다를 수 있다는 것일 것이다. 그래서 공동투자 계약서는 투자 전 꼭 작성해야 한다. 공동 지분으로 등기를 치게 된다면, 어떤 결정을 할 때 공유자별로 의사가 같아야 한다. 의견이 일치하지 않으면 투자가 산으로 갈 수 있다.

그러므로 공동투자를 함에 있어 공동투자 계약서라는 이면 계약서를 꼭 작성해야 한다. 대표자를 법인으로 설정한 뒤 법인 명의로의 단독 등기가 이루어져야 할 것이다. 그리고 공동투자 계약서의 내용은 어떠한 결정하면서 투자자의 만장일치가 아니라 투자자들의 과반수가 찬성한다. 그 방향으로 결정이 이루어지게끔 해야 할 것이라는 이야기다. 물론 이렇게 한다 한들 공동투자로 오는 모든 고민을 해결할 수는 없을 것이다. 그렇지만 그 법인이 어느 정도 사회적인 입장이 있다고 한다면, 그 법인을 믿고 함께 투자해 나가는 것이 혼자 투자해서 혼자 모든 것을 감당하는 것보다는 괜찮은 투자 방식이 될 수 있을 것이다.

투자 리스크

(출처 : pixabay.com)

공동투자하면 대출을 받지 않아도 된다

앞서 언급했듯이 토지 투자 시 대출을 받는다는 건 도박을 하는 것과 같다. 토지에 투자해서 예상하는 기간 안에 매도한다면 정말 다행스러운 일이지만, 만에 하나 내가 예상한 기간 안에 매도하지 못하면 토지 투자가 실패로 가는 길에 올라섰다고 봐도 무방하다는 것이다.

그렇다면 방법은 오로지 현금만으로 토지 투자가 이루어지면 될 것이다. 하지만 토지 가격이 너무 높은 것이 현실이다 보니 대출을 받지 않고 모두 현금투자가 이루어지게 하는 것은 거의 불가능한 일이다.

이에 집단이 모여 공동투자가 이루어지게 된다면, 개인별로는 소액으로 투자가 가능해진다. 전체적으로 토지에 투자 시 대출을 최소화하거나 대출을 받지 않을 수 있게 되는 것이다. 그렇게 되면 예상한 기간 안에 팔고 수익이 남아도 좋고, 만약 그렇게 되지 않더라도 대출이자에 대한 부담이 없다. 매도 시점 예상이 어려울 뿐, 우리는 수익을 기대하며 기다릴 수 있을 것이다.

이자부담 없음

공동투자 대상 물건을 원형지로
토지 개발을 진행한다

토지 투자를 할 때 공동투자가 얼마나 좋은 방법이 되는지를 설명했다. 그렇다면 공동투자로 어떤 물건을 고를 것이냐에 대한 문제가 남는다.

필자는 22년간 수많은 개발행위허가를 진행했고 빠른 개발로 비교적 빠른 기간 안에 높은 값으로 매도해왔다. 그래서 우리가 공동투자하는 물건은 원형지가 될 것이다. 물론 특별한 경우에는 대상 물건이 달라질 수도 있지만, 원칙적으로 원형지를 매입해 개발행위허가를 득하고 부지조성을 마친 뒤 빠른 수익을 위해 노력할 것이다.

그리고 이제는 여러 번의 시행착오로 어떻게 해야 개발을 잘할 수 있는지를 알게 되었기 때문에 필자만의 노하우로 사업을 성공으로 이끌어갈 것이다. 22년간 늘 해왔던 일이어서, 그 누구보다 잘할 수 있다는 자신감을 가지고 있다.

이제 전국적으로 토지에 뜻을 품은 우리가 모두 뭉치게 될 것이고, 우리는 부를 이루어나갈 것이다. 여러분에게 필자와 함께 투자해 나가자고 정중히 제안을 드리고 있는 것이다.

원형지 개발

(출처 : pixabay.com)

공동투자로 투자 대비 수익성을 올릴 수 있다

 토지 투자를 공동으로 하게 되면 개인당 투자금의 범위는 1,000만 원부터 투자가 가능할 것이다. 이렇게 투자금의 범위는 개인별로 달라질 것이고, 돈이 적은 사람들은 적게 비교적 돈이 많은 사람은 많이 투자하게 될 것이다.

 투자금의 범위는 모두 다르겠지만 어차피 투자금 대비 수익률을 기대하는 것이기에 토지 투자에는 아무런 문제가 되지 않는다. 이제는 토지에 뜻이 있는 전국의 많은 사람이 토지 공동투자로 커다란 수익을 가져갈 수 있을 것이다. 1,000만 원 투자한 사람들은 1,000만 원 투자금 대비 수익을 가져갈 것이고, 5,000만 원 투자한 사람들은 투자금에 맞게 그에 대한 수익을 가져갈 것이다. 어차피 물건 매도 시는 법인에서 법인세를 납부하고 남은 돈에서 투자금 대비 수익을 가져가게 된다.

돈벼락

현금 공동투자로 부담이 되는 것은 재산세뿐이다

공동투자로 대출을 받지 않고 투자하게 되면 아무것도 부담이 되지 않을까? 그렇지 않을 것이다. 전액 현금으로 토지를 매입했다 할지라도 세금에 대한 부담은 있다. 토지의 재산세와 종합부동산세(이하 종부세) 등의 부담은 생긴다는 것이다. 하지만 그 금액이 미미하리라 판단되어지기 때문에 큰 부담으로 작용할 것이라고는 생각하지 않는다.

토지 재산세는 매년 9월에 납부하게 되고 만약 우리가 매입해놓은 토지가 종부세의 대상이 된다면 매년 12월에 종부세를 납부해야 한다. 이렇게 토지를 공동으로 투자해서 대출을 한 푼도 받지 않는다고 해도 세금에 대한 부담은 있다. 그러므로 공동투자자들은 투자금 대비 1/n로 해서 세금에 대한 부담은 느껴야 한다. 이렇게 우리는 공동투자에 대한 장단점을 정확히 이해해야 할 것이다.

세금

(출처 : pixabay.com)

토지 개발 공동투자는 무조건 이기는 투자다

아무리 생각해봐도 이보다 더 좋은 토지 투자 시스템은 생각이 안 난다. 토지에 뜻을 품은 전국 토지 투자자들이 모여서 토지 투자 전문그룹인 법인으로 1,000만 원 이상 금액을 개인별로 다르게 투자하면서 공동투자 계약서를 작성하고 대출을 받지 않으며 원형지를 개발하여 단기 수익을 목표로 하는 투자 시스템인 것이다. 대출이자에 대한 부담이 없으며 다만 세금에 대한 부담을 느끼는데 그 비용은 아주 미미할 것 같다. 추후 매도 시 법인세를 정리하고 각 투자금 대비 수익률을 가져갈 수 있는 시스템이다. 토지 투자 시장에서 성공할 수밖에 없는 시스템이라고 생각이 된다. 아무리 찾아봐도 단점을 찾기는 힘들어 보인다.

다만 믿지 못하게 된다면 세상의 아무 일도 하지 못할 것이다. 토지 투자의 핵심이 개발행위허가라면 개발행위허가 전문가라고 자부하는 나와 함께 토지 투자를 함께 해나가면 된다. 어서 빨리 네이버 카페 '막강토지군단'으로 찾아와주시길 바라는 마음이다.

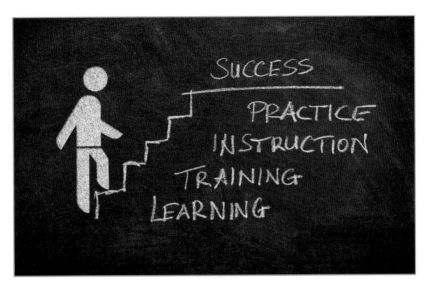

성공 투자

CHAPTER

5

1천만 원으로 하는 토지 투자

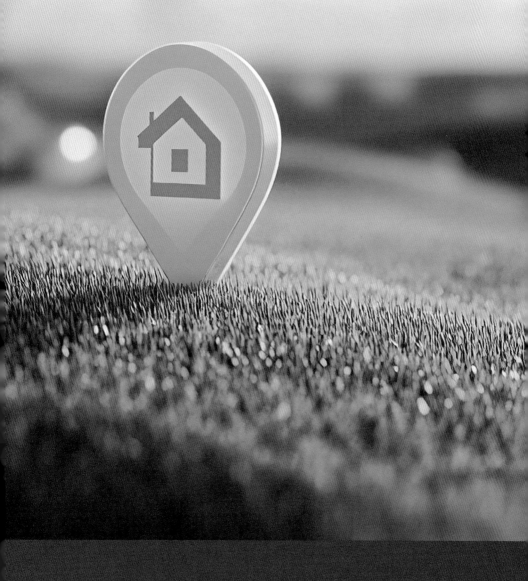

토지 공동투자 네이버 카페, 막강토지군단

필자는 네이버 카페 '막강토지군단'의 카페 매니저다. 현재 카페 회원들과 공동투자를 진행하고 있다. 하지만 예상한 기간 안에 매도하지 못했기 때문에 대출이자에 대한 부담을 가지고 있다. 그리고 투자한 물건 또한 원형지를 매입한 것이 아니라 개발이 되어 있는 부지를 매입했다 보니 상대적으로 단기간 안에 매도하는 것에 부담이 조금 있었다.

대출을 거의 꼭대기까지 끌어서 대출을 받고 투자를 진행했다 보니 지금 상황은 엄청난 대출이자의 부담을 느끼고 있다. 그래서 필자는 생각했다. 무조건 이기는 토지 투자를 하기 위해서는 단기간에 매도할 수 있는 원형지를 골라야 한다는 것이고 매입 시에 대출을 최소화하거나 아예 받지 않아야 한다는 것을 경험적으로 알게 된 것이다. 이미 해놓은 공동투자 건들은 시간이 조금 걸리고 부담을 이겨내고 있지만 분명 성공할 것이라고 생각한다.

이제부터는 특별한 경우를 제외하고는 원칙적으로 원형지 토지 개발 시

공동투자를 진행할 것이고, 대출이자에 대한 부담도 생기지 않게 투자해 나갈 것이다.

막강토지군단

(출처 : https://cafe.naver.com/yong231)

오로지 막강토지군단만이
성공 공동투자가 가능하다

공동투자의 최대 단점은 공동투자를 하는 구성원들끼리 서로서로 알지 못한다는 것이다. 그렇다 보니 의견이 달라지고, 이것 때문에 공동투자가 갈 길을 잃게 된다. 그래서 막강토지군단 카페에서는 공동투자를 할 수 있는 멤버를 막토군 등급으로만 한정하게 되었다.

막토군 등급은 가입비를 내야 하는 유료회원으로 정해져 있다. 막토군 등급이 되면 회원 지속 기간은 평생이기 때문에 함께 투자를 진행하고 평생을 함께할 토지 투자 동반자가 된다. 이렇게 되면 서로서로 알 수 있게 되기 때문에 내가 공동투자를 하게 될 때 누구와 함께 투자를 같이 하는지를 알 수 있게 되는 것이다. 공동투자를 함께 할 사람들과 평소에 유대관계를 가져왔고 평생을 함께 할 것이기에, 함께 투자해 수익을 공유하는 데 있어 불편함을 느끼지 않을 것이다. 막강토지군단 카페를 방문해서 막토군 등급으로 거듭나고 함께 공동투자를 해나가기를 바라는 마음이다.

공동투자

(출처 : pixabay.com)

토지를 작게 분할하고 부지조성을 한다

막강토지군단에서 함께 할 공동투자는 원형지를 매입해 개발행위허가를 득하고 작은 땅으로 작게 분할해서 부지조성을 한 뒤에 일반에게 분양할 것이다. 개발이 되어 있는 땅이 아닌 원형지를 매입하다 보니 비교적 토지의 매매금액이 그리 크지 않을 것이라는 이야기다. 이렇게 할 것이기에 토지 매입 후 최소한의 개발행위허가를 거쳐서 최소한의 토목공사 기간을 합쳐도 빠르면 6개월 안에 매도할 것이다. 아무리 늦더라도 2년 안에는 매도하려고 할 것이다. 법인으로 매입할 것이고 농지와 임야 모두 개발행위허가를 선행해 매입한 뒤에 잔금을 치르고 치자마자 토목공사를 거친 다음 즉시 매도할 것이라는 이야기다. 매입하는 토지의 규모가 작으면 비교적 빨리 매도할 수 있고, 토지의 규모가 크게 되면 개발행위허가기간이 길어지기 때문에 매도까지는 시간이 걸릴 듯하다. 하지만 규모가 큰 만큼 우리에게 돌아오는 수익의 크기 또한 커질 것이기에 무조건 수익을 기대하는 투자가 될 수 있을 것이다.

개발 부지조성

(출처 : 저자 제공)

수익성 토지로 만든다

막강토지군단에서 하려고 하는 공동투자는 전국에 있는 원형지를 매입해 개발행위허가를 득하고, 작게 분할해서 부지조성을 마친 뒤 용도배율에 맞는 작은 건물을 신축해 매수자에게 수익성 상품이 되게 만들어주는 것이다. 건물을 수익성 상품, 즉 임대상품이나 에어비앤비, 33㎡, 또는 파티룸 등등으로 이용하게 하는 것이다. 매수자에게 토지와 건물을 매입하면서 얻은 대출금 이자를 커버할 수 있게 만들어주고 우리는 매입한 토지를 분양하게 된다. 이 과정에서 원형지를 매입한다는 것이나 대출을 받지 않는다는 점, 그리고 수익성 상품으로 만들어주는 과정까지 이런 식의 투자라면 공동투자에 대한 투자금 대비 수익률을 올릴 수 있다.

이를 정확히 수식으로 이야기하면 토지는 40평에서 50평으로 분할한다. 토지 가격을 평당 150만 원이라고 가정하면 50평일 때 토지 가격은 7,500만 원이다. 그리고 건축물 10평에서 15평을 짓는다. 가정해서 건축비용 부가세 포함 6,000만 원에 해결한다면 토지, 건물로 해서 총매매가격은 1억

3,500만 원, 여기서 대출 1억 원을 받는다고 가정하면 대출이자 금리 5%일 때 한 달에 42만 원 정도다. 그렇다면 임대상품으로는 투룸 월세 1,000만 원 보증금에 월세 70만 원 정도다. 이자를 커버하고도 수익이 남는 상황인 것이다. 더 나아가 공간 임대 사업을 하게 되면 월수입 최소 200만 원 이상이다. 이자를 커버하고도 투자금 대비 엄청난 수익률이기에 매수자는 무조건 매수할 것으로 판단되는 것이다.

이제 필자와 토지 투자를 함께 해나갈 많은 사람들을 기다리려 한다. 어서 네이버 카페, 막강토지군단으로 오기를 바라는 마음이다.

수익성 토지

(출처 : 저자 제공)

토지 투자는 토지 개발 공동투자가 답이다

이제까지 필자는 토지 투자의 핵심은 개발행위허가라는 것을 설명했다. 그리고 토지 투자에 있어 공동투자가 얼마나 큰 장점이 있는지에 대하여 설명했다. 그렇다. 필자는 22년 차 토지 개발업자다. 수십 번의 개발행위허가 경험으로 어떻게 해야 토지 투자가 단기 투자가 될 수 있는지를 알게 된 것이다. 그리고 토지 투자에 있어 대출이 얼마나 큰 위험요소를 가졌는지에 대해서도 설명했다. 이를 모두 극복하고 토지 투자로 부를 이루려고 한다는 것이다. 여러분과 함께 말이다.

수차례 강조했듯이 필자는 개발행위허가 전문가다. 그리고 토지 투자에 대한 장점, 단점들을 모두 꿰뚫고 있다. 이 모든 것을 이겨내고 필자는 성공할 것이다. 필자의 성공에 함께 하실 여러분을 모시려 한다. 어서 네이버 카페 막강토지군단으로 오셔서 막토군 등급으로 거듭난 뒤 함께 이 토지 시장을 제압하면 되는 것이다. 이제 우리 미래에는 성공이라는 두 글자가 새겨질 것이다.

성공

(출처 : pixabay.com)

부록

개발행위허가 운영지침

개발행위허가 운영지침

[시행 2021. 3. 31.] [국토교통부 훈령 제1375호, 2021. 3. 31, 일부 개정]

제1장 총칙

제1절 개발행위허가 지침의 목적

1-1-1 이 지침은 '국토의 계획 및 이용에 관한 법률 시행령' 제56조 제
4항에 따라 개발행위허가의 대상·절차·기준 등에 대한 사항을
제시하여 개발행위허가제의 원활한 운영을 도모함을 목적으
로 한다.

제2절 개발행위허가의 의의 및 운영원칙

1-2-1 개발행위허가제는 개발과 보전이 조화되게 유도하여 국토관
리의 지속가능성을 제고시키고, 토지에 대한 정당한 재산권 행
사를 보장하여 토지의 경제적 이용과 환경적 보전의 조화를
도모하며, 계획의 적정성, 기반시설의 확보 여부, 주변 경관 및
환경과의 조화 등을 고려하여 허가여부를 결정함으로써 난개
발을 방지하고 국토의 계획적 관리를 도모하는 제도이다.

1-2-2 특별시장·광역시장·특별자치시장·특별자치도지사·시장 또는
군수(이하 '허가권자'라 한다)는 '국토의 계획 및 이용에 관한 법
률'(이하 '법'이라 한다), 법 시행령(이하 '영'이라 한다)에서 위임한

범위 안에서 도시·군계획조례를 마련하여 개발행위허가제를 운영할 수 있다. 이 경우 도시·군계획조례로 정한 기준은 이 지침에 우선하여 적용한다.

1-2-3 이 지침은 개발행위허가를 함에 있어서 필요한 사항을 정한 것으로서 지침의 내용을 종합적으로 고려하여 적용하도록 하고, 지역실정 또는 당해 구역여건 등으로 인하여 지침의 세부내용 중 일부에 대하여 이를 그대로 적용하는 것이 매우 불합리한 경우에는 그 사유를 명백히 밝히고 다르게 적용할 수 있다. 이 경우에도 법령에서 정한 기준에 대하여는 그러하지 아니하다.

제3절 법적근거

1-3-1 법 제58조 제3항 제58조(개발행위허가의 기준)

③ 개발행위허가 기준은 다음의 특성, 지역의 개발사항, 기반시설의 현황 등을 고려하여 다음 각 호의 구분에 따라 개발행위허가 기준을 차등화 한다.

1. 시가화 용도 : 토지의 이용 및 건축물의 용도·건폐율·용적률·높이 등에 대한 용도지역의 제한에 따라 개발행위허가의 기준을 적용하는 주거지역·상업지역 및 공업지역

2. 유보 용도 : 법 제59조에 따른 도시계획위원회의 심의를 통하여 개발행위허가의 기준을 강화 또는 완화하여 적용할 수 있는 계획관리지역·생산관리지역 및 자연녹지지역

3. 보전 용도 : 법 제59조에 따른 도시계획위원회의 심의를 통하여 개발행위허가의 기준을 강화하여 적용할 수 있는 보전관리지역·농림

지역·자연환경보전지역 및 생산녹지지역, 보전녹지지역

1-3-2 영 제56조 제4항 제56조(개발행위허가의 기준)

① 법 제58조 제3항의 규정에 의한 개발행위허가의 기준은 별표 1의 2와 같다.

② 국토교통부 장관은 제1항의 개발행위허가 기준에 대한 세부적인 검토기준을 정할 수 있다.

제4절 개발행위허가의 대상

1-4-1 다음의 개발행위는 허가권자로부터 허가를 받아야 하며, 허가 받은 사항을 변경하는 경우에도 허가를 받아야 한다(영 제51조).

(1) 건축물의 건축 또는 공작물의 설치

① 건축물의 건축 : '건축법' 제2조 제1항 제2호에 따른 건축물의 건축

② 공작물의 설치 : 인공을 가하여 제작한 시설물('건축법' 제2조 제1항 제2호에 따른 건축물 제외)의 설치

(2) 토지의 형질변경(경작을 위한 토지의 형질변경 제외)

절토·성토·정지·포장 등의 방법으로 토지의 형상을 변경하는 행위와 공유수면의 매립. 다만, 경작을 위한 토지의 형질변경의 범위와 이에 대한 허가에 관한 사항은 다음 각 항과 같다.

① 경작을 위한 토지형질변경이란 조성이 완료된 농지에서 농작물 재배, 농지의 지력 증진 및 생산성 향상을 위한 객토나 정지작업, 양수·배수시설 설치를 위한 토지의 형질변경으로서 다음 각 호의 어느 하나에 해당되지 아니한 경우를 말한다.

㉮ 인접토지의 관개·배수 및 농작업에 영향을 미치는 경우

④ 재활용 골재, 사업장 폐토양, 무기성 오니 등 수질오염 또는 토질오염의 우려가 있는 토사 등을 사용하여 성토하는 경우, 다만, '농지법 시행령' 제3조의 2 제2호에 따른 성토는 제외한다.

⑮ 지목의 변경을 수반하는 경우(전·답과 상호 간의 변경은 제외)

② ①에서 정한 규정을 충족하는 경우에도 옹벽 설치(영 제53조에 따라 허가를 받지 않아도 되는 옹벽 설치는 제외한다) 또는 2미터 이상의 절토·성토가 수반되는 경우에는 개발행위허가를 받아야 한다. 다만, 절토·성토에 대해서는 2미터 이내의 범위에서 특별시·광역시·특별자치시·특별자치도·시 또는 군의 도시·군계획조례로 따로 정할 수 있다.

③ ①에서 '조성이 완료된 농지'란 '농지법' 제2조 제1호 가목에 해당하는 농지 중 경작이 가능한 상태인 농지를 의미한다.

(3) 토석채취

흙·모래·자갈·바위 등의 토석을 채취하는 행위(토지의 형질변경을 목적으로 하는 것은 제외)

(4) 다음 각 항의 어느 하나에 해당하는 토지분할('건축법' 제57조에 따른 건축물이 있는 대지는 제외)

① 녹지지역·관리지역·농림지역 및 자연환경보전지역안에서 관계 법령에 의한 허가·인가 등을 받지 아니하고 행하는 토지의 분할

② '건축법' 제57조 제1항에 따른 분할제한면적 미만으로의 토지의 분할(관계 법령에 의한 허가·인가를 받은 경우도 포함)

③ 관계 법령에 의한 허가·인가 등을 받지 아니하고 행하는 너비 5미터 이하로의 토지의 분할

(5) 물건 적치

녹지지역·관리지역 또는 자연환경보전지역 안에서 건축물의 울타리 안(적법한 절차에 의하여 조성된 대지에 한함)에 위치하지 아니한 토지에 물건을 1월 이상 쌓아놓는 행위

1-4-2 토지형질변경 및 토석채취 중 도시지역 및 계획관리지역안의 산림에서의 임도의 설치와 사방사업에 관하여는 각각 '산림자원의 조성 및 관리에 관한 법률'과 '사방사업법'에 따르고, 보전관리지역·생산관리지역·농림지역 및 자연환경보전지역안의 산림에서 토지형질변경(농업·임업·어업을 목적으로 하는 토지의 형질 변경만 해당) 및 토석채취에 관하여는 '산지관리법'에 따른다(법 제56조 제3항). 이 경우 농업·임업·어업의 범위는 다음 각 호의 경우를 말한다.

① 농업의 범위는 '농업·농촌 및 식품산업 기본법' 제3조 및 같은 법 시행령 제2조에 의한 농업

② 어업의 범위는 '수산업·어촌 발전 기본법' 제3조 제1호 가목에 의한 어업

③ 임업의 범위는 '임업 및 산촌진흥 촉진에 관한 법률' 제2조 제1호에 의한 임업

④ 그 밖에 관계법령에 따라 농업·임업·어업으로 분류하는 시설

제5절 개발행위허가를 받지 않아도 되는 행위(법 제56조 제4항)

1-5-1 도시·군계획사업에 의한 개발행위. 이 경우 택지개발사업·산업단지개발사업 등 도시·군계획사업을 의제하는 개발행위도 개발행위허가에서 제외한다.

1-5-2 재해복구 또는 재난수습을 위한 응급조치(1월 이내에 신고하

여야 함)

(1) 응급조치의 시기

재난이 발생하였거나 발생한 이후

(2) 응급조치의 종류

① 건축물 또는 공작물의 보수·보강 및 이에 수반되는 임시조치(단, 건축법에 따라 허가 또는 신고 대상인 행위는 제외)

② 재난을 발생시킬 수 있는 위험의 제거

③ '재난 및 안전관리 기본법' 제37조에 따른 응급조치(행정기관에 한함) 및 그에 협조하는 행위

(3) 응급조치 후 신고의 시기

응급조치를 완료한 날로부터 1개월 이내(단, 응급조치가 1개월 이상의 소요기간이 예상될 경우 응급조치를 시작한 날로부터 1개월 이내)

1-5-3 '건축법'에 의하여 신고하고 설치할 수 있는 건축물의 개축·증축 또는 재축과 이에 필요한 범위 안에서의 토지의 형질변경(도시·군계획시설사업이 시행되지 아니하고 있는 도시·군계획시설부지인 경우에 한함)

1-5-4 다음의 경미한 행위. 다만, 그 범위에서 도시·군계획조례로 따로 정하는 경우에는 그에 따른다(영 제53조).

(1) 건축물의 건축

'건축법' 제11조 제1항에 따른 건축허가 또는 같은 법 제14조 제1항에 따른 건축신고 및 같은 법 제20조 제1항에 따른 가설건축물의 허가 또는 같은 조 제3항에 따른 가설건축물의 축조신고 대상에 해당하지 아니하는 건축물의 건축

(2) 공작물의 설치

① 도시지역 또는 지구단위계획구역에서 무게가 50톤 이하, 부피가 50세제곱미터 이하, 수평투영면적이 50제곱미터 이하인 공작물의 설치('건축법 시행령' 제118조 제1항 각 호의 어느 하나에 해당하는 공작물의 설치를 제외)

② 도시지역·자연환경보전지역 및 지구단위계획구역 외의 지역에서 무게가 150톤 이하, 부피가 150세제곱미터 이하, 수평투영면적이 150제곱미터 이하인 공작물의 설치('건축법 시행령' 제118조 제1항 각 호의 어느 하나에 해당하는 공작물의 설치를 제외)

③ 녹지지역·관리지역 또는 농림지역안에서의 농림어업용 비닐하우스[비닐하우스 안에 설치하는 육상어류양식장('양식산업발전법' 제43조에 따른 육상해수양식업과 육상 등 내수양식업을 위해 설치한 양식장을 말한다)을 제외]의 설치

(3) 토지의 형질변경

① 높이 50센티미터 이내 또는 깊이 50센티미터 이내의 절토·성토·정지 등(포장을 제외하며, 주거지역·상업지역 및 공업지역 외의 지역에서는 지목변경을 수반하지 아니하는 경우에 한함)

② 도시지역·자연환경보전지역 및 지구단위계획구역 외의 지역에서 면적이 660제곱미터 이하인 토지에 대한 지목변경을 수반하지 아니하는 절토·성토·정지·포장 등(토지의 형질변경 면적은 형질변경이 이루어지는 당해 필지의 총면적을 말함. 이하 같음)

③ 조성이 완료된 기존 대지에 건축물이나 그 밖의 공작물을 설치하기 위한 토지의 형질변경(절토 및 성토는 제외한다). 이 경우 조성이 완료된 기존 대지란 다음 각 목의 어느 하나에 해당하는 토지로서

도로·상하수도 등 기반시설의 설치가 완료되어 해당 대지에 절토나 성토행위가 없이 건축물 등을 건축할 수 있는 상태로 조성되어 있는 대지를 의미한다. 다만, 영 제57조 제2항에 따라 용도변경을 하지 아니하도록 조건을 붙인 건축물이 건축된 대지(건축물이 멸실된 대지를 포함한다)에 다른 용도의 건축물(영 제57조 제1항 제1의 2호 다목부터 마목에 따라 건축할 수 있는 건축물은 제외한다)을 건축하고자 할 경우에는 기존 대지로 보지 아니한다.

가. 도시개발사업·택지개발사업 등 관계 법률에 의하여 조성된 대지

나. 지목이 대·공장용지·학교용지·주차장·주유소용지·창고용지인 대지

다. 관계 법률에 따라 적법하게 건축된 건축물이 있는 대지(건축물이 멸실된 경우를 포함) 다만, 축사 등 농지전용허가를 받지 아니하고 건축된 건축물은 제외

④ 국가 또는 지방자치단체가 공익상의 필요에 의하여 직접 시행하는 사업을 위한 토지의 형질변경

(4) 토석채취

① 도시지역 또는 지구단위계획구역에서 채취면적이 25제곱미터 이하인 토지에서의 부피 50세제곱미터 이하의 토석채취

② 도시지역·자연환경보전지역 및 지구단위계획구역외의 지역에서 채취면적이 250제곱미터 이하인 토지에서의 부피 500세제곱미터 이하의 토석채취

(5) 토지분할

① '사도법'에 의한 사도개설허가를 받은 토지의 분할

② 토지의 일부를 공공용지 또는 공용지로 하기 위한 토지의 분할

③ 행정재산 중 용도폐지되는 부분의 분할 또는 일반재산을 매각·교환 또는 양여하기 위한 분할

④ 토지의 일부가 도시·군계획시설로 지형도면고시가 된 당해 토지의 분할

⑤ 너비 5미터 이하로 이미 분할된 토지의 '건축법' 제57조 제1항의 규정에 의한 분할제한면적 이상으로의 분할

(6) 물건적치

① 녹지지역 또는 지구단위계획구역에서 물건을 쌓아놓는 면적이 25제곱미터 이하인 토지에 전체무게 50톤 이하, 전체부피 50세제곱미터 이하로 물건을 쌓아놓는 행위

② 관리지역(지구단위계획구역으로 지정된 지역을 제외)에서 물건을 쌓아놓는 면적이 250제곱미터 이하인 토지에 전체무게 500톤 이하, 전체부피 500세제곱미터 이하로 물건을 쌓아놓는 행위

1-5-5 다음 각 호의 어느 하나에 해당하는 경우(다른 호에 저촉되지 않는 경우로 한정한다)의 경미한 변경(영 제52조)

(1) 사업기간을 단축하는 경우

(2) 다음의 어느 하나에 해당하는 경우

가. 부지면적 또는 건축물 연면적을 5퍼센트 범위에서 축소(공작물의 무게, 부피 또는 수평투영면적을 5퍼센트 범위에서 축소하는 경우를 포함한다)하는 경우

나. 관계 법령의 개정 또는 도시·군관리계획의 변경에 따라 허가받은 사항을 불가피하게 변경하는 경우

다. '공간정보의 구축 및 관리 등에 관한 법률' 제26조 제2항 및 '건축

법' 제26조에 따라 허용되는 오차를 반영하기 위한 변경

라. '건축법 시행령' 제12조 제3항 각 호의 어느 하나에 해당하는 변경

(공작물의 위치를 1미터 범위에서 변경하는 경우를 포함한다)인 경우

1-5-6 개발행위허가를 받은 자는 1-5-5에 해당하는 경미한 사항을 변경한 때에는 지체없이 그 사실을 허가권자에게 통지하여야 한다.

제2장 개발행위허가의 절차 등

제1절 개발행위허가의 절차

2-1-1 개발행위의 절차는 다음과 같다.

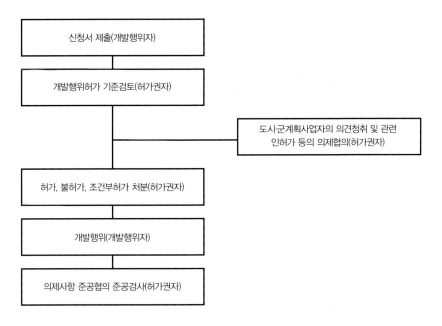

2-1-2 허가신청

(1) 개발행위허가신청서에는 다음의 서류를 첨부하여야 한다(규칙 제9조).

① 개발행위에 따른 기반시설의 설치나 그에 필요한 용지의 확보, 위해방지, 환경오염방지, 경관, 조경 등에 관한 계획서(개발밀도관리구역안에서는 기반시설의 설치나 그에 필요한 용지의 확보에 관한 계획서를 제출하지 아니한다)(법 제57조 제1항)

② 토지의 소유권·사용권 등 신청인이 당해 토지에 개발행위를 할 수 있음을 증명하는 서류. 다만, 다른 법률에서 개발행위허가를 의제하는 경우 개별 법률에서 토지의 수용·사용, 매수청구 등 소유권 및 사용권에 관한 사항을 별도로 규정하고 있는 경우에는 당해 규정을 따를 수 있다.

③ 공사 또는 사업관련 도서(토지형질변경 및 토석채취인 경우)

④ 설계도서(공작물을 설치하는 경우)

⑤ 당해 건축물의 용도 및 규모를 기재한 서류(건축물의 건축을 목적으로 하는 토지의 형질변경인 경우)

⑥ 개발행위의 시행으로 폐지되거나 대체 또는 새로이 설치할 공공시설의 종류·세목·소유자등의 조서 및 도면과 예산내역서(토지형질변경 및 토석채취인 경우)

⑦ 법 제57조 제1항의 규정에 의한 위해방지·환경오염방지·경관·조경 등을 위한 설계도서 및 그 예산내역서(토지분할의 경우는 제외). 다만, '건설산업기본법 시행령' 제8조 제1항의 규정에 의한 경미한 건설공사를 시행하거나 옹벽 등 구조물의 설치등을 수반하지 않는 단순한 토지형질변경일 경우는 개략설계서로 설계도서에 갈음할 수

있다.

⑧ 2-1-5의 규정에 의한 관계 행정기관의 장과 협의에 필요한 서류

⑨ 다른 법령에 의한 인가·허가 등의 과정에서 제1항부터 제8항까지
의 제출서류에 대한 내용을 확인할 수 있는 경우에는 그 확인으로
제출서류에 갈음할 수 있다.

(2) 개발행위허가신청서에는 개발행위의 목적·종류, 사업기간(착공 및
준공시기) 등을 명확히 기재하여야 한다.

(3) 개발행위허가신청서 첨부서류의 작성방법은 별표 1의 작성기준에
따른다.

2-1-3 허가기준 검토(법 제57조, 제58조 제1항)

(1) 허가권자는 개발행위허가의 신청내용이 다음의 기준에 적합한 경
우에 한하여 개발행위허가를 할 수 있다.

① 3-1-1에 규정된 개발행위허가 규모에 적합할 것

② 도시·군관리계획의 내용에 배치되지 않을 것

③ 도시·군계획사업의 시행에 지장이 없을 것

④ 주변지역의 토지이용실태 또는 토지이용계획, 건축물의 높이, 토지
의 경사도, 수목의 상태, 물의 배수, 하천·호소·습지의 배수 등 주변
환경 또는 경관과 조화를 이룰 것

⑤ 당해 개발행위에 따른 기반시설의 설치 또는 그에 필요한 용지의
확보 계획이 적정할 것

(2) 허가권자는 개발행위허가의 신청내용이 별표 3의 경관체크리스
트, 별표 5의 위해방지 체크리스트, 그 밖에 이 지침에서 정하는 규
정에 적합한지 여부를 검토한 후 개발행위허가 신청인에게 위해방

지에 관한 계획서를 제출하게 하거나 개발행위허가 신청자의 의견을 듣고 필요한 조건을 붙일 수 있다.

2-1-4 도시·군계획사업자의 의견청취(법 제58조 제2항)

허가권자가 개발행위허가를 하고자 하는 때에는 당해 개발행위가 도시·군계획사업의 시행에 지장을 주는지의 여부에 관하여 당해 지역안에서 시행되는 도시·군계획사업 시행자의 의견을 들어야 한다.

2-1-5 관련 인허가 등의 의제협의(법 제61조)

허가권자는 개발행위허가를 함에 있어서 다음에 해당하는 사항이 있을 경우 미리 관계 행정기관의 장과 협의하여야 한다. 협의요청을 받은 관계 행정기관의 장은 20일 이내에 의견을 제출하여야 하며, 그 기간 내에 의견을 제출하지 아니하면 협의가 이루어진 것으로 본다. 허가권자가 당해 개발행위에 대하여 미리 관계행정기관의 장과 협의한 다음 사항에 대하여는 당해 인허가 등을 받은 것으로 본다.

(1) '공유수면 관리 및 매립에 관한 법률' 제8조에 따른 공유수면의 점용·사용허가, 같은 법 제17조에 따른 점용·사용 실시계획의 승인 또는 신고, 같은 법 제28조에 따른 공유수면의 매립면허, 같은 법 제38조의 규정에 따른 공유수면매립실시계획의 승인

(2) '광업법' 제42조에 따른 채굴계획의 인가

(3) '농어촌정비법' 제23조에 따른 농업기반시설의 목적 외 사용의 승인

(4) '농지법' 제34조에 따른 농지전용의 허가 또는 협의, 같은 법 제35조에 따른 농지전용의 신고 및 같은 법 제36조에 따른 농지의 타용도일 시 사용의 허가 또는 협의

(5) ‘도로법’ 제34조에 따른 도로공사시행의 허가, 같은 법 제38조에 따른 도로점용의 허가

(6) ‘장사 등에 관한 법률’ 제27조 제1항에 따른 무연분묘의 개장허가

(7) ‘사도법’ 제4조에 따른 사도개설의 허가

(8) ‘사방사업법’ 제14조에 따른 토지의 형질변경 등의 허가, 같은 법 제20조에 따른 사방지지정의 해제

(9) ‘산업집적활성화 및 공장설립에 관한 법률’ 제 13조에 따른 공장설립 등의 승인

(10) ‘산지관리법’ 제14조·제15조에 따른 산지전용허가 및 산지전용신고, 같은 법 제15조의 2에 따른 산지일시사용허가·신고, 같은 법 제25조 제1항에 따른 토석채석허가, 같은 법 제25조 제2항에 따른 토사채취신고 및 ‘산림자원의 조성 및 관리에 관한 법률’ 제36조 제1항·제4항에 따른 입목벌채 등의 허가·신고

(11) ‘소하천정비법’ 제10조에 따른 소하천공사시행의 허가, 같은 법 제14조에 따른 소하천의 점용허가

(12) ‘수도법’ 제52조에 따른 전용상수도설치 및 같은 법 제54조에 따른 전용공업용수도설치의 인가

(13) ‘연안관리법’ 제25조에 따른 연안정비사업실시계획의 승인

(14) ‘체육시설의 설치·이용에 관한 법률’ 제12조에 따른 사업계획의 승인

(15) ‘초지법’ 제23조에 따른 초지전용의 허가, 신고 또는 협의

(16) ‘측량·수로조사 및 지적에 관한 법률’ 제15조 제3항에 따른 지도 등의 간행 심사

(17) '하수도법' 제16조에 따른 공공하수도에 관한 공사시행의 허가 및 같은 법 제24조에 따른 공공하수도의 점용허가

(18) '하천법' 제30조에 따른 하천공사 시행의 허가 및 같은 법 제33조에 따른 하천 점용의 허가

2-1-6 개발행위복합민원 일괄협의회(법 제61조의 2)

(1) 허가권자는 2-1-5에 따라 관계 행정기관의 장과 협의하기 위하여 개발행위 의제협의를 위한 개발행위복합민원 일괄협의회를 개발행위허가 신청일부터 10일 이내에 개최하여야 한다.

(2) 허가권자는 협의회를 개최하기 3일 전까지 협의회 개최 사실을 법 제61조 제3항에 따른 관계 행정기관의 장에게 알려야 한다.

(3) 법 제61조 제3항에 따른 관계 행정기관의 장은 협의회에서 인허가 등의 의제에 대한 의견을 제출하여야 한다. 다만, 법령 검토 및 사실 확인 등을 위한 추가 검토가 필요하여 해당 인허가 등에 대한 의견을 협의회에서 제출하기 곤란한 경우에는 요청을 받은 날부터 20일 이내에 그 의견을 제출할 수 있다.

(4) (1)~(3)에서 정한 사항 외에 협의회의 운영 등에 필요한 사항은 도시·군계획조례에 정한다.

2-1-7 허가처분 및 통지

(1) 허가권자는 허가신청에 대하여 특별한 사유가 없는 한 15일(심의 또는 협의기간 제외)내에 허가 또는 불허가 처분을 하여야 하며, 허가 또는 불허가처분을 하는 때에는 지체없이 신청인에게 허가증을 교부하거나 불허가처분사유를 서면 또는 법 제128조에 따른 국토이용정보체계를 통하여 알려야 한다(법 제57조 제2항·제3항).

(2) 허가권자는 개발행위에 따른 기반시설의 설치 또는 그에 필요한 용지의 확보·위해방지·환경오염방지·경관·조경 등에 관한 조치를 할 것을 조건으로 다음과 같은 기준에 해당하는 때에는 개발행위를 조건부로 허가할 수 있다(법 제57조 제4항).

① 공익상 또는 이해관계인의 보호를 위하여 필요하다고 인정될 경우

② 당해 행위로 인하여 주변의 환경오염방지 또는 위험예방의 조치가 필요한 경우

③ 당해 행위로 인하여 경관·미관 등이 손상될 우려가 있거나 조경 등 조치가 필요한 경우

④ 역사·문화·향토적 가치가 있거나 원형보전의 필요가 있을 경우

⑤ 재해 취약성분석결과 폭우재해 1등급지역 또는 '자연재해대책법'에 따른 풍수해 저감종합계획의 위험지구 등 관계법령의 규정에 따라 재해 관련 지역·지구로 지정되거나 계획이 수립되어 재해예방의 조치가 필요한 경우

⑥ 관계 법령의 규정에 의하여 공공시설 등이 행정청에 귀속되거나 공공시설의 설치가 필요한 경우

⑦ 도시·군계획 및 성장관리방안의 목적에 부합하기 위한 조치가 필요한 경우

⑧ 그 밖에 시·군의 정비 및 관리에 필요하다고 인정되는 경우

⑨ 지방도시계획위원회 심의 조건 및 조언사항 반영을 위한 경우

(3) 허가권자가 개발행위허가에 조건을 붙이고자 하는 때에는 미리 개발행위허가를 신청한 자의 의견을 들어야 한다. 다만, 기반시설 부담계획에 따라 기반시설의 설치 또는 부담을 조건으로 하는 경

우에는 의견을 듣지 않고 조건을 붙일 수 있다(영 제54조 제2항).

2-1-8 준공검사(법 제62조)

(1) 공작물의 설치('건축법' 제83조에 따라 설치되는 것은 제외), 토지의 형
질변경 또는 토석채취를 위한 개발행위허가를 받은 자는 그 개발
행위를 완료한 때에 개발행위준공신청서에 다음의 서류를 첨부하
여 허가권자의 준공검사를 받아야 한다(법 제62조 제1항, 규칙 제11조
제2항).

① 준공사진

② 지적측량성과도(토지분할이 수반되는 경우와 임야를 형질변경하는 경우
로서 측량·수로조사 및 지적에 관한 법률 제78조에 의하여 등록전환신청이
수반되는 경우)

③ 2-1-5 규정에 의한 관계 행정기관의 장과의 협의에 필요한 서류

(2) '건설산업기본법 시행령' 제8조 제1항의 규정에 의한 경미한 건설
공사의 경우에는 공사완료 후 그 사실을 허가권자에게 통보함으
로써 준공검사에 갈음한다(규칙 제11조 제1항).

(3) 허가권자는 허가내용대로 사업이 완료되었다고 인정하는 경우에
는 개발행위 준공검사 필증을 신청인에게 교부하여야 한다(규칙
제11조 제3항).

(4) 준공검사를 받은 때에는 허가권자가 2-1-5의 규정에 의하여 의제
대상 인허가 등에 따른 준공검사·준공인가 등에 관하여 관계 행정
기관의 장과 협의한 사항에 대하여는 당해 준공검사·준공인가 등
을 받은 것으로 본다(법 제62조 제2항).

제2절 개발행위허가의 이행담보

2-2-1 허가권자는 기반시설의 설치 또는 그에 필요한 용지의 확보·위해방지·환경오염방지·경관·조경 등을 위하여 필요하다고 인정되는 경우로서 다음과 같은 경우에는 이행을 담보하기 위하여 개발행위허가(다른 법률에 따라 개발행위허가가 의제되는 협의를 거친 인가·허가·승인 등을 포함한다.)를 받는 자로 하여금 이행보증금을 예치하도록 할 수 있다(법 제60조 제1항, 영 제59조 제1항 제2항).

(1) 건축물 건축, 공작물 설치, 토지형질변경 또는 토석채취로서 당해 개발행위로 인하여 도로·수도공급설비·하수도 등 기반시설의 설치가 필요한 경우

(2) 토지의 굴착으로 인하여 인근의 토지가 붕괴될 우려가 있거나 인근의 건축물 또는 공작물이 손괴될 우려가 있는 경우

(3) 토석의 발파로 인한 낙석·먼지 등에 의하여 인근지역에 피해가 발생할 우려가 있는 경우

(4) 토석을 운반하는 차량의 통행으로 인하여 통행로 주변의 환경이 오염될 우려가 있는 경우

(5) 토지의 형질변경이나 토석의 채취가 완료된 후 비탈면에 조경을 할 필요가 있는 경우

2-2-2 국가·지방자치단체·대통령령으로 정하는 공공기관·지방자치단체의 조례로 정하는 공공단체가 시행하는 개발행위에 대하여는 2-2-1의 규정에 의한 이행보증금 예치를 면제한다(법 제60조 제1항).

2-2-3 이행보증금의 예치금액은 기반시설의 설치, 위해의 방지, 환경오염의 방지, 경관 및 조경에 필요한 비용의 범위안에서 산정하되, 총공

사비의 20퍼센트 이내(산지에서의 개발행위의 경우 '산지관리법' 제38조에 따른 복구비를 합하여 총공사비의 20퍼센트 이내)가 되도록 하고, 그 산정에 관한 구체적인 사항 및 예치방법은 도시·군계획조례로 정한다. 이 경우 산지에서의 개발행위에 대한 이행보증금의 예치금액은 '산지관리법' 제38조에 따른 복구비(토사유출 방지시설 설치, 경관복원, 시설물의 철거비용 등을 고려하여 산림청장이 고시하는 복구비 산정기준에 의한다)를 포함하여 정하되, 복구비가 이행보증금에 중복하여 계상되지 아니하도록 하여야 한다.

2-2-4 〈삭제〉

제3절 개발행위허가의 제한

2-3-1 국토교통부 장관, 시·도지사, 시장·군수는 다음에 해당하는 지역으로서 도시·군관리계획상 특히 필요하다고 인정되는 지역에 대하여는 중앙 또는 지방도시계획위원회의 심의를 거쳐 1회에 한하여 3년 이내의 기간동안 개발행위허가를 제한할 수 있다. 다만, (3)부터 (5)까지에 해당하는 지역에 대하여는 1회에 한하여 2년 이내의 기간동안 개발행위허가의 제한을 연장할 수 있다. 이 경우 제한지역·제한사유·제한대상행위 및 제한기간을 미리 고시하여야 한다(법 제63조 제1항·제2항).

   (1) 녹지지역이나 계획관리지역으로서 수목이 집단적으로 자라고 있거나 조수류 등이 집단적으로 서식하고 있는 지역 또는 우량 농지 등으로 보전할 필요가 있는 지역

   (2) 개발행위로 인하여 주변의 환경·경관·미관·문화재 등이 크게 오염·손상될 우려가 있는 지역

   (3) 도시·군기본계획이나 도시·군관리계획을 수립하고 있는 지역으로

서 그 도시·군기본계획이나 도시·군관리계획이 결정될 경우 용도지역·용도지구 또는 용도구역의 변경이 예상되고 그에 따라 개발행위허가의 기준이 크게 달라질 것으로 예상되는 지역

(4) 지구단위계획구역으로 지정된 지역

(5) 기반시설부담구역으로 지정된 지역

2-3-2 국토교통부 장관, 시·도지사, 시장·군수는 개발행위허가제한 기간내에도 도시·군관리계획의 변경 등으로 제한의 필요성이 없어진 경우 즉시 개발행위허가 제한을 해제하여야 한다.

제4절 도시·군계획시설부지에서의 개발행위

2-4-1 도시·군계획시설결정의 고시일부터 10년 이내에 도시·군계획시설사업이 시행되지 아니하는 도시·군계획시설 부지로서 지목이 대인 토지에 대하여 매수청구를 하였으나 매수의무자가 매수하지 아니하기로 결정한 경우 또는 매수 결정을 알린 날부터 2년이 지날 때까지 매수하지 아니하는 경우에는 다음의 어느 하나에 해당하는 건축물 또는 공작물로서 조례로 정하는 건축물 또는 공작물에 대하여 법 제56조에 따라 개발행위허가를 할 수 있다. 이 경우 법 제58조(개발행위허가의 기준) 및 제64조(도시·군계획시설 부지에서의 개발행위)는 적용하지 아니한다(법 제47조 제7항).

(1) '건축법 시행령' 별표 1 제1호 가목의 단독주택으로서 3층 이하인 것

(2) '건축법 시행령' 별표 1 제3호의 제1종 근린생활시설로서 3층 이하인 것

(3) '건축법 시행령' 별표 1 제4호의 제2종 근린생활시설(같은 호 차목 및 타목 및 파목은 제외)로서 3층 이하인 것

(4) 공작물

2-4-2 허가권자는 도시·군계획시설 부지에 대하여는 당해 도시·군계획시설이 아닌 건축물의 건축이나 공작물의 설치를 허가해서는 아니된다. 다만, 다음의 어느 하나에 해당하는 경우에는 허가할 수 있다.

(1) 지상·수상·공중·수중 또는 지하에 일정한 공간적 범위를 정하여 도시·군계획시설이 결정되어 있고, 그 도시·군계획시설의 설치·이용 및 장래의 확장 가능성에 지장이 없는 범위에서 도시·군계획시설이 아닌 건축물 또는 공작물을 그 도시·군계획시설인 건축물 또는 공작물의 부지에 설치하는 경우

(2) 도시·군계획시설과 도시·군계획시설이 아닌 시설을 같은 건축물안에 설치한 경우(법률 제6243호 도시계획법 개정 법률에 의하여 개정되기 전에 설치한 경우를 말한다)로서 법 제88조의 규정에 의한 실시계획인가를 받아 다음 각목의 어느 하나에 해당하는 하는 경우

① 건폐율이 증가하지 아니하는 범위 안에서 당해 건축물을 증축 또는 대수선하여 도시·계획시설이 아닌 시설을 설치하는 경우

② 도시·군계획시설의 설치·이용 및 장래의 확장 가능성에 지장이 없는 범위 안에서 도시·군계획시설을 도시·군계획시설이 아닌 시설로 변경하는 경우

(3) '도로법' 등 도시·군계획시설의 설치 및 관리에 관하여 규정하고 있는 다른 법률에 의하여 점용허가를 받아 건축물 또는 공작물을 설치하는 경우(도시지역 외의 지역에서 공원 및 녹지에 대하여 '도시공원 및

녹지 등에 관한 법률'을 준용하여 점용허가를 받아 설치하는 경우를 포함)

(4) 도시·군계획시설의 설치·이용 및 장래의 확장 가능성에 지장이 없는 범위에서 '신에너지 및 재생에너지 개발·이용·보급 촉진법' 제2조 제3호에 따른 신·재생에너지 설비 중 태양에너지 설비 또는 연료전지 설비를 설치하는 경우

2-4-3 허가권자는 도시·군계획시설 결정의 고시일부터 2년이 경과할 때까지 당해 시설의 설치에 관한 사업이 시행되지 아니한 도시·군계획시설중 단계별 집행계획이 수립되지 않거나 단계별 집행계획에서 제1단계 집행계획(단계별 집행계획을 변경한 경우에는 최초의 단계별 집행계획)에 포함되지 않은 도시·군계획시설부지에 대하여는 2-4-2에 불구하고 다음의 개발행위를 허가할 수 있다(법 제64조 제2항).

(1) 가설건축물 건축과 이에 필요한 범위안에서의 토지형질변경

(2) 도시·군계획시설 설치에 지장이 없는 공작물 설치와 이에 필요한 범위안에서의 토지형질변경

(3) 건축물 개축 또는 재축과 이에 필요한 범위안에서의 토지형질변경(1-5-3에 해당하는 경우를 제외)

제5절 개발행위허가의 취소

2-5-1 허가권자는 다음에 해당하는 자에게 개발행위허가의 취소, 공사의 중지, 공작물 등의 개축 또는 이전 그 밖에 필요한 처분을 하거나 조치를 명할 수 있다(법 제133조).

(1) 법 제56조에 따른 개발행위허가 또는 변경허가를 받지 아니하고

개발행위를 한 자

(2) 법 제60조 제1항에 따른 이행보증금을 예치하지 아니하거나 같은 조 제3항에 따른 토지의 원상회복명령에 따르지 아니한 자

(3) 개발행위를 끝낸 후 법 제62조에 따른 준공검사를 받지 아니한 자

(4) 부정한 방법으로 개발행위허가, 변경허가 또는 준공검사를 받은 자

(5) 사정이 변경되어 개발행위를 계속적으로 시행하면 현저히 공익을 해칠 우려가 있다고 인정되는 경우의 그 개발행위허가를 받은 자

(6) 개발행위허가 또는 변경허가를 받고 그 허가받은 사업기간 동안 개발행위를 완료하지 아니한 자

2-5-2 허가권자는 개발행위허가를 취소 처분을 하고자 하는 경우에는 청문을 실시하여야 한다(법 제136조).

제6절 기반시설 기부채납 운영기준

2-6-1 개발행위허가를 함에 있어 기반시설 기부채납은 필요한 경우에 한하여 요구하도록 하며, 동 운영기준은 개발사업자에게 과도한 기부채납(공공시설 무상귀속 포함) 요구를 방지하기 위하여 규정한 사항으로 개발사업을 시행함에 있어 공공성의 확보와 적정 수준의 개발이익이 조화될 수 있도록 하고, 개발사업자의 정당한 재산권 행사를 제한하거나 사업 추진에 지장을 초래하는 과도한 기부채납은 지양한다.

2-6-2 동 운영기준은 개발행위허가권자와 개발사업자 등이 기반시설 기부채납을 협의하여 결정함에 있어 적용하는 기준으로 지방자치단체장은 본 기준의 범위 내에서 지역여건 또는 사업의 특성 등을 고려하

여 자체 실정에 맞는 별도의 기준을 마련하여 운영할 수 있다.

2-6-3 적용대상은 법 제56조 제1항에 따른 건축물의 건축, 토지의 형질변경, 토석의 채취로 한다.

2-6-4 원칙적으로 당해 개발사업과 관련이 있는 기반시설을 기부채납 하도록 하고 특별한 사유가 없는 한 해당 사업과 관련이 없는 기부채납은 지양 한다.

2-6-5 개발행위허가 시 기부채납이 필요한 경우 총부담은 대상 부지 토지면적을 기준으로 5%내에서 협의를 통하여 결정하되, 최대 10%를 초과하지 않는 것을 원칙으로 한다(기반시설을 설치하여 기부채납을 하는 경우에는 기반시설 설치비용을 토지면적으로 환산한다).

2-6-6, 2-6-5의 기준을 적용함에 있어 지역실정 또는 개발여건이나 지역경제 활성화 차원에서 위 부담기준보다 낮거나 높은 비율로 협의 결정할 수 있으며, 기부채납을 요구하지 아니할 수 있다. 단, 기부채납 부담률을 위 최대 기준보다 높게 결정할 필요가 있는 경우에는 그 사유를 명백히 밝혀야 한다.

2-6-7 기반시설의 기부채납 시에는 2-6-5에서 정한 부담기준을 원칙으로 하여 개발사업자와의 협의를 통해 기부채납의 규모, 시설의 종류 및 위치, 방식 등을 결정하되, 도시·군계획위원회 심의 시에도 동 부담기준의 범위 내에서 검토하는 것을 원칙으로 한다.

2-6-8 기부채납 시설은 개발사업 대상지 및 주변지역 주민들이 편리하게 이용할 수 있는 위치에 입지하도록 하고, 개발사업 대상지내 건축물 등을 위해 배타적으로 이용될 우려가 있는 지역은 배제한다.

2-6-9 기부채납 시설은 그 시설의 기능을 충분히 수행할 수 있는 적

정규모로 계획하고, 기반시설의 효용성이 낮은 자투리형 토지의 기부채납은 지양하여야 한다.

제3장 개발행위허가 기준

제1절 개발행위허가의 규모

3-1-1 개발행위허가의 규모

(1) 토지의 형질변경을 하는 경우 다음의 면적(개발행위시기에 관계없이 기존 대지를 확장하는 경우에는 그 기존 대지의 면적을 포함한다. 다만, 확장면적이 기존 대지 면적의 100분의 5 이하이고 용도지역별 개발행위허가 규모 이하인 경우에는 그러하지 아니하다. 이 경우 2회 이상 확장할 때에는 누적면적을 기준으로 한다) 이상으로 개발할 수 없다. 관리지역·농림지역에 대하여는 아래의 ② 및 ③의 면적 범위에서 도시·군계획조례로 면적을 따로 정할 수 있다 (영 제55조 제1항).

① 도시지역

주거지역·상업지역·자연녹지지역·생산녹지지역 : 1만제곱미터

공업지역 : 3만제곱미터, 보전녹지지역 : 5천제곱미터

② 관리지역 : 3만제곱미터

③ 농림지역 : 3만제곱미터

④ 자연환경보전지역 : 5천제곱미터

(2) (1)의 규정을 적용함에 있어서 개발행위허가의 대상인 토지가 2 이상의 용도지역에 걸치는 경우에는 각각의 용도지역에 위치하는

토지부분에 대하여 각각의 용도지역의 개발행위의 규모에 관한 규정을 적용한다. 다만, 개발행위허가의 대상인 토지의 총면적이 당해 토지가 걸쳐 있는 용도지역중 개발행위의 규모가 가장 큰 용도지역의 개발행위의 규모를 초과하여서는 아니 된다(영 제55조 제2항).

(3) 다음에 해당하는 경우에는 (1)의 면적제한을 적용하지 아니한다 (영 제55조 제3항).

① 지구단위계획으로 정한 가구 및 획지의 범위안에서 이루어지는 토지의 형질변경으로서 당해 형질변경과 관련된 기반시설이 이미 설치되었거나 형질변경과 기반시설의 설치가 동시에 이루어지는 경우

② 해당 개발행위가 '농어촌정비법' 제2조 제4호에 따른 농어촌정비사업으로 이루어지는 경우

③ 해당 개발행위가 '국방·군사시설 사업에 관한 법률' 제2조 제2항에 따른 국방·군사시설사업으로 이루어지는 경우

④ 초지조성, 농지조성, 영림 또는 토석채취를 위한 경우

⑤ 해당 개발행위가 다음의 어느 하나에 해당하는 경우로서 시·도 도시계획위원회 또는 대도시 도시계획위원회의 심의를 거친 경우. 이 때, 시장(대도시 시장은 제외한다)·군수·구청장(자치구의 구청장을 말한다)은 시·도 도시계획위원회 심의를 요청하기 전에 시·군·구 도시계획위원회에 자문을 할 수 있으며, 시·군·구 도시계획위원회는 시·도 도시계획위원회 또는 대도시 도시계획위원회에 위원을 참석시키거나 서면으로 의견을 제시할 수 있다.

가. 하나의 필지(법 제62조에 따른 준공검사를 신청할 때 둘 이상의 필지를 하나의 필지로 합칠 것을 조건으로 하여 허가하는 경우를 포함하되, 개발행위허가를 받은 후에 매각을 목적으로 하나의 필지를 둘 이상의 필지로 분할하는 경우는 제외한다)에 건축물을 건축하거나 공작물을 설치하기 위한 토지의 형질변경

나. 하나 이상의 필지에 하나의 용도에 사용되는 건축물을 건축하거나 공작물을 설치하기 위한 토지의 형질변경

⑥ 폐염전을 '양식산업발전법 시행령' 제29조 제1항에 따른 육상수조식해수양식업 및 육상축제식해수양식업을 위한 양식시설로 변경하는 경우

⑦ 관리지역에서 1993. 12. 31. 이전에 설치된 공장의 증설로서 '국토의 계획 및 이용에 관한 법률 시행규칙'(이하 '규칙'이라 한다) 제10조 제2호에 해당하는 경우

(4) 도시·군계획사업이나 도시·군계획사업을 의제하는 사업은 개발행위허가대상에서 제외되므로, 개발행위허가 규모의 제한도 받지 아니한다.

(5) 개발행위규모 적용대상은 토지형질변경이므로 조성이 완료된 부지에 건축물을 건축하는 등 토지의 형질변경이 수반되지 않는 경우는 개발행위허가 규모의 제한을 적용하지 아니한다.

(6) 영 제55조 제1항에 따른 개발행위허가 규모를 산정할 때에는 무상귀속되는 공공시설(무상귀속 대상이 아닌 도로 등 공공시설과 유사한 시설로서 지방자치단체에 기부채납하는 시설을 포함한다)은 개발행위 면적에서 제외한다.

(7) 용도지역·용도지구 또는 용도구역안에서 허용되는 건축물 또는 시설을 설치하기 위하여 공사현장에 설치하는 자재야적장, 레미콘·아스콘생산시설 등 공사용 부대시설은 영 제83조 제4항 및 제55조·제56조의 규정에 불구하고 당해 공사에 필요한 최소한의 면적의 범위안에서 기간을 정하여 사용 후에 그 시설 등을 설치한 자의 부담으로 원상복구할 것을 조건으로 설치를 허가할 수 있다(영 제83조 제5항).

제2절 분야별 검토사항(영 별표 1의 2)

3-2-1 공통분야

(1) 조수류·수목 등의 집단서식지가 아니고, 우량농지 등에 해당하지 아니하여 보전의 필요가 없을 것

(2) 역사적·문화적·향토적 가치, 국방상 목적 등에 따른 원형보전의 필요가 없을 것

(3) 토지의 형질변경 또는 토석채취의 경우에는 표고·경사도·임상 및 인근 도로의 높이, 물의 배수 등을 참작하여 도시·군계획조례가 정하는 기준에 적합할 것. 다만, 다음의 어느 하나에 해당하는 경우에는 위해 방지, 환경오염 방지, 경관 조성, 조경 등에 관한 조치가 포함된 개발행위내용에 대하여 해당 개발행위허가권자에게 소속된 도시계획위원회(영 제55조 제3항 제3호의 2 각 목 외의 부분 후단 및 제57조 제4항에 따라 중앙도시계획위원회 또는 시·도 도시계획위원회의 심의를 거치는 경우에는 중앙도시계획위원회 또는 시·도 도시계획위원회를 말한다)의 심의를 거쳐 이를 완화하여 적용할 수 있다.

① 골프장, 스키장, 기존 사찰, 풍력을 이용한 발전시설 등 개발행위의 특성상 도시·군계획조례가 정하는 기준을 그대로 적용하는 것이 불합리하다고 인정되는 경우

② 지형 여건 또는 사업수행상 도시·군계획조례가 정하는 기준을 그대로 적용하는 것이 불합리하다고 인정되는 경우

3-2-2 도시·군관리계획

(1) 용도지역별 개발행위의 규모 및 건축제한 기준에 적합할 것

(2) 개발행위허가제한지역에 해당하지 아니할 것

3-2-3 도시·군계획사업

(1) 도시·군계획사업부지에 해당하지 아니할 것(제2장제4절에 따라 허용되는 개발행위를 제외)

(2) 개발시기와 가설시설의 설치 등이 도시·군계획사업에 지장을 초래하지 아니할 것

3-2-4 주변지역과의 관계

(1) 개발행위로 건축하는 건축물 또는 설치하는 공작물이 주변의 자연경관 및 미관을 훼손하지 아니하고, 그 높이·형태 및 색채가 주변건축물과 조화를 이루어야 하며, 도시계획으로 경관계획이 수립되어 있는 경우에는 그에 적합할 것

(2) 개발행위로 인하여 당해 지역 및 그 주변지역에 대기오염·수질오염·토질오염·소음·진동·분진 등에 의한 환경오염·생태계파괴·위해발생 등이 발생할 우려가 없을 것. 다만, 환경오염·생태계파괴·위해발생 등의 방지가 가능하여 환경오염의 방지, 위해의 방지, 조경, 녹지의 조성, 완충지대의 설치 등을 조건으로 붙이는 경우에는

그러하지 아니하다.

(3) 개발행위로 인하여 녹지축이 절단되지 아니하고, 개발행위로 배수가 변경되어 하천·호소·습지로의 유수를 막지 아니할 것

3-2-5 기반기설

(1) 대지와 도로의 관계는 '건축법'에 적합할 것.

(2) '도로법'과 '건축법'상의 도로가 아닌 진입도로는 국토교통부 장관이 정한 기준에 적합하게 확보(지자체 조례로서 별도의 조례를 정한 경우 조례에 따라 확보)하되, 해당 시설의 이용 및 주변의 교통소통에 지장을 초래하지 아니할 것

(3) 도시·군계획조례로 정하는 건축물의 용도·규모(대지의 규모를 포함한다)·층수 또는 주택호수 등에 따른 도로의 너비 또는 교통소통에 관한 기준에 적합할 것

3-2-6 그 밖의 사항

(1) 공유수면매립의 경우 매립목적이 도시·군계획에 적합할 것

(2) 토지분할 및 물건을 쌓아놓는 행위에 죽목의 벌채가 수반되지 아니할 것

(3) 〈삭제〉

(4) 비도시지역의 경관관리를 위하여 허가권자는 제3장 및 제4장의 개발행위허가기준에 추가하여 별표 4의 경관관리기준을 참고할 수 있다.

(5) 건축법의 적용을 받는 건축물의 건축 또는 공작물의 설치에 해당하는 경우 그 건축 또는 설치의 기준에 관하여는 건축법의 규정과 법 및 영에서 정하는 바에 의하고, 그 건축 또는 설치의 절차에 관

하여는 건축법의 규정에 의한다. 이 경우 건축물의 건축 또는 공작물의 설치를 목적으로 하는 토지의 형질변경, 토지분할 또는 토석채취에 관한 개발행위허가는 건축법에 의한 건축 또는 설치의 절차와 동시에 할 수 있다.

제3절 건축물의 건축 및 공작물의 설치

3-3-1 입지기준 (삭제)

3-3-2 계획기준

3-3-2-1 도로

(1) 건축물을 건축하거나 공작물을 설치하는 부지는 도시·군계획도로 또는 시·군도, 농어촌도로에 접속하는 것을 원칙으로 하며, 위 도로에 접속되지 아니한 경우 (2) 및 (3)의 기준에 따라 진입도로를 개설해야 한다.

(2) (1)에 따라 개설(도로확장 포함)하고자 하는 진입도로의 폭은 개발규모(개설 또는 확장하는 도로면적은 제외한다)가 5천㎡ 미만은 4m 이상, 5천㎡ 이상 3만㎡ 미만은 6m 이상, 3만㎡ 이상은 8m 이상으로서 개발행위규모에 따른 교통량을 고려하여 적정 폭을 확보하여야 한다. 이 경우 진입도로의 폭은 실제 차량 통행에 이용될 수 있는 부분으로 산정한다.

(3) 진입도로의 길이를 산정할 경우 단지(주택단지, 공장단지 등) 내 도로는 제외하며, 변속차로 및 기존 도로의 확장된 부분은 포함한다.

(4) 다음 각 호의 어느 하나에 해당하는 경우에는 (2)의 도로확보기준

을 적용하지 아니할 수 있다.

① 차량진출입이 가능한 기존 마을안길, 농로 등에 접속하거나 차량 통행이 가능한 도로를 개설하는 경우로서 농업·어업·임업용 시설(가공, 유통, 판매 및 이와 유사한 시설은 제외하되, '농업·농촌 및 식품산업 기본법' 제3조에 의한 농업인 및 농업 경영체, '수산업·어촌 발전 기본법'에 따른 어업인, '임업 및 산촌 진흥촉진에 관한 법률'에 의한 임업인, 기타 관련 법령에 따른 농업인·임업인·어업인이 설치하는 부지면적 2천㎡ 이하의 농수산물 가공, 유통, 판매 및 이와 유사한 시설은 포함), 부지면적 1천㎡ 미만으로서 제1종 근린생활시설 및 단독주택('건축법 시행령' 별표1 제1호 가목에 의한 단독주택)의 건축인 경우

② 건축물 증축 등을 위해 기존 대지 면적을 10% 이하로 확장하는 경우

③ 부지확장 없이 기존 대지에서 건축물 증축·개축·재축(신축 제외)하는 경우

④ 광고탑, 철탑, 태양광발전시설 등 교통유발 효과가 없거나 미미한 공작물을 설치하는 경우

(5) (1)~(2)까지의 기준을 적용함에 있어 지역여건이나 사업특성을 고려하여 법령의 범위 내에서 도시계획위원회 심의를 거쳐 이를 완화하여 적용할 수 있다.

(6) (2)와 (4)를 적용함에 있어 산지에 대해서는 산지관리법령의 규정에도 적합하여야 한다. 다만, 보전산지에서는 산지관리법령에서 정한 기준을 따른다.

3-3-2-2 상수도

(1) 상수도가 설치되지 아니한 지역에 대해서는 건축행위를 원칙적으로 허가하지 아니한다. 다만, 상수도의 설치를 필요로 하지 아니하는 건축물의 경우 건축물 용도변경을 금지하는 조건(상수도 설치가 필요하지 아니한 건축물로 변경하는 경우 제외)으로 허가할 수 있다.

3-3-2-3 하수도

(1) 하수도가 설치되지 아니한 지역에 대해서는 건축행위를 원칙적으로 허가하지 아니한다. 다만, 하수도의 설치를 필요로 하지 아니하는 건축물의 경우 용도의 변경을 금지하는 조건(하수도 설치가 필요하지 아니한 건축물로 변경하는 경우 제외)으로 허가할 수 있다.

(2) 오수는 공공하수처리시설을 통하여 처리하는 것을 원칙으로 하되, 지역여건상 불가피하다고 인정하는 경우에는 마을 하수도와 개인하수처리시설을 통하여 처리할 수 있다.

3-3-2-4 기반시설의 적정성

도로·상수도 및 하수도가 3-3-2-1~3-3-2-3의 규정에 따라 설치되지 아니한 지역에 대하여는 건축물의 건축행위(건축을 목적으로 하는 토지의 형질변경 포함)는 원칙적으로 허가하지 아니한다. 다만, 무질서한 개발을 초래하지 아니하는 범위 안에서 도시·군계획조례로 정하는 경우에는 그러하지 아니한다.

3-3-3 환경 및 경관기준

(1) 유보 용도와 보전 용도에서 개발행위허가시 도로(폭 4m 이상) 또는 구거에 접하는 경우에는 도로 또는 구거와 건축물 사이를 2m 이상 이격하여 완충공간을 확보(접도구역 지정지역은 제외)하도록 한다. 다만, 허가권자가 완충공간이 필요하지 않다고 인정되는 경우

에는 그러하지 아니하다.

(2) 유보용도와 보전용도에서 건축되는 3층 이하의 건축물은 경사 지붕을 권장 하며, 평지붕으로 건축하는 경우는 옥상에 정원을 설치하도록 권장한다.

(3) 유보용도와 보전용도에서 하천지역과 인접한 건축물에 대해서는 개발행위로 인한 안전, 하천경관 보호 및 오염방지를 위하여 하천구역선 경계부에서 일정부분 이내 지역에서는 건축물의 배치를 제한할 수 있으며, 하천 폭으로부터 후퇴된 공간은 녹지 등 공익의 목적에 사용될 수 있도록 한다.

(4) 급경사지역, 양호한 수목이 밀집되어 있는 지역 등에 대하여는 건축물의 건축이나 공작물의 설치를 제한할 수 있다.

(5) 녹지지역 및 비도시지역에 주택단지를 조성할 경우 경계부는 콘크리트 옹벽보다는 주변경관과 조화될 수 있는 재료를 사용하여 사면으로 처리한다.

(6) 산지·구릉지에는 건축물로 인하여 자연경관이 차폐되지 않도록 건축물의 길이 및 배치를 결정하도록 한다.

3-3-4 방재기준

3-3-4-1 단지조성

개발행위시 원칙적으로 자연배수가 되도록 계획한다. 불가피할 경우에는 유수지를 충분히 확보하도록 하며, 지표수의 중요한 유출경로로 식별된 지점에 대해서는 시설물의 설치로부터 보호해야 한다.

3-3-4-2 대지성토

(1) 상습침수의 우려가 있어 지정된 자연재해위험지구 또는 방재지구

에서 불가피하게 건축이 이루어질 때에는 계획홍수위 또는 방재성
능목표 기준강우량(시우량 및 3시간 연속강우량 등)에 의한 홍수위의
60cm 이상 성토하여 침수위험을 방지해야 한다.

(2) 인접 도로와 비교하여 지반고가 낮은 지역은 도로의 노면수가 유
입되지 않도록 방수턱 내지 둑을 설치하거나 도로의 경계면에 우
수배제시설을 설치하도록 한다.

제4절 토지의 형질변경

3-4-1 입지기준

(1) 상위 계획에 부합되고 관련 법규상 제한사항이 없는 지역

(2) 그 밖에 경사도, 임상도, 표고 등에 대한 도시·군 계획조례가 정하
는 기준에 부합할 것

3-4-2 계획기준(부지조성)

(1) 절토시 비탈면 일단의 수직높이는 용도지역의 특성을 고려하여 아
래의 높이 이하로 하는 것을 원칙으로 하되 비탈면은 친환경적으
로 처리하고, 안전대책을 수립하도록 한다.

① 시가화 용도와 유보 용도의 경우는 비탈면의 수직높이는 15m 이
하

② 보전 용도의 경우 비탈면 수직높이는 10m 이하

③ ① 및 ②에도 불구하고 산지비율이 70% 이상인 시·군·구는 위 기
준의 10% 범위에서 완화하여 적용할 수 있다.

(2) 성토 시 비탈면 일단의 수직높이는 용도지역의 특성을 고려하여
아래의 높이 이하로 함을 원칙으로 하되 비탈면은 친환경적으로

처리하고 안전대책을 수립하도록 한다.

① 시가화 용도와 유보 용도의 경우는 비탈면의 수직높이는 10m 이하

② 보전 용도의 경우 비탈면 수직높이는 5m 이하

③ ① 및 ②에도 불구하고 산지비율이 70% 이상인 시·군·구는 위 기준의 10% 범위에서 완화하여 적용할 수 있다.

(3) 시가화 및 유보용도에서 2단 이상의 옹벽을 설치하는 경우는 옹벽 간 수평거리를 2m 이상 이격하고, 보전용도에서는 2단 이상의 옹벽을 설치하지 않는 것을 원칙으로 한다.

(4) 비탈면의 높이가 5m를 넘을 경우 수직높이 5m마다 폭 1m 이상의 소단을 만들어 사면안정을 기함은 물론 비탈면의 점검, 배수 등이 이루어질 수 있도록 해야 하며, 지피식물, 소관목 등 비탈면의 구조안전에 영향이 없는 수종으로 녹화처리를 하여야 한다. 다만 비탈면이 암반 등으로 이루어져 유실이나 붕괴의 우려가 없다고 허가권자가 인정하는 경우에는 그러하지 아니한다.

(5) (1)~(4)까지의 기준을 적용함에 있어 지역여건이나 사업특성을 고려하여 법령의 범위 내에서 도시계획위원회 심의를 거쳐 이를 완화하여 적용할 수 있다.

(6) (1)~(4)까지의 기준을 적용함에 있어 산지에 대해서는 산지관리법령을 적용한다.

3-4-3 환경 및 경관기준

(1) 제거된 양질의 표토는 개발행위 후 가급적 재사용될 수 있도록 한다.

(2) 절토·성토시 사면의 안정과 미관을 위해 가급적 구조물 공법보다 친환경적 공법을 사용토록 하여야 한다.

(3) 녹지지역 및 비도시지역에서의 절·성토의 처리는 콘크리트 옹벽 등과 같이 자연경관과 부조화를 이룰 수 있는 재료보다는 주변환경과 조화를 이룰 수 있는 재료를 사용하여 사면처리를 하도록 한다.

(4) 도로의 개설로 인하여 녹지축 또는 산림연결축이 단절되지 않도록 한다.

3-4-4 방재기준

(1) 토지의 지반이 연약한 때에는 그 두께·넓이·지하수위 등의 조사와 지반의 지지력·내려앉음·솟아오름에 관한 시험결과 및 흙바꾸기·다지기·배수 등의 개량방법을 개발행위허가 신청 시 첨부하도록 한다.

(2) 토지형질변경에 수반되는 절·성토에 의한 비탈면 또는 절개면에 대하여 옹벽 또는 석축을 설치할 경우에는 관련 법령 및 도시·군계획조례에서 정하는 안전조치를 하도록 한다.

제5절 토석채취

3-5-1 입지기준 (삭제)

3-5-2 도로 및 하수처리

(1) 진입도로는 도시·군계획도로 혹은 시·군도, 농어촌 도로와 접속하는 것을 원칙으로 하며, 진입도로가 위 도로와 접속되지 않을 경우 다음 각 호의 기준에 따라 진입도로를 개설하여야 한다. 다만,

당해 지역의 여건 등을 고려하여 허가권자가 강화 또는 완화할 수 있다.

① 사업부지 면적이 5만㎡ 미만인 경우 진입도로의 폭은 4m 이상

② 사업부지 면적이 5만㎡ 이상일 때에는 6m 이상을 확보한다.

(2) 대상지에서 발생하는 하수는 하천 등으로 배수되도록 배수시설을 설치하여야 하며 하수로 인한 하천과 주변지역의 수질이 오염되지 않도록 조치를 취하여야 한다.

3-5-3 환경 및 경관기준

(1) 토석채취 후 복구대상 비탈면에 수직높이 5m마다 1m 이상의 소단을 설치하고 당해 소단에 평균 60cm 이상의 흙을 덮고 수목, 초본류 및 덩굴류 등을 식재며, 최초의 소단 앞부분은 수목을 존치하거나 식재하여 녹화하여야 한다. 다만, 산지에서는 산지관리법을 준용한다.

(2) 채광·석재의 굴취 채취인 경우 비탈면을 제외한 5m 이상의 바닥에 평균깊이 1m 이상 너비 3m 이상의 구덩이를 파고 흙을 객토한 후 수목을 식재한다.

(3) 일반국도, 특별시·광역시도, 지방도, 시·군·구도 등 연변가시지역으로서 2km 이내지역에 대해서는 높이 1m 이상의 나무를 2m 이내 간격으로 식재하여 차폐하도록 한다.

(4) (1)~(3)을 적용함에 있어 산지에 대해서는 산지관리법령을 따른다.

3-5-4 방재기준

토석채취로 인하여 생활환경 등에 영향을 받을 수 있는 인근지역에

대하여는 배수시설, 낙석방지시설, 비탈면 안정을 위한 보호공법, 비사(飛沙)방지시설, 저소음·진동 발파공법의 채택, 표토와 폐석의 처리대책 등 재해를 방지하기 위한 계획 및 시설을 설치하여야 한다.

제6절 토지분할

3-6-1 용도지역 상향을 위한 토지분할 방지

2 이상의 용도지역이 인접하고 있는 경우 용도지역 상향을 목적으로 행위제한이 강한 지역의 토지를 분할하는 행위를 제한할 수 있다.

3-6-2 분할제한면적 이상으로의 토지분할

녹지지역·관리지역·농림지역 및 자연환경보전지역 안에서 관계 법령에 의한 허가·인가 등을 받지 아니하고 토지를 분할하는 경우에는 다음의 요건을 모두 갖추어야 한다.

(1) '건축법' 제57조 제1항에 따른 분할제한면적 이상으로서 도시·군계획조례가 정하는 면적 이상으로 분할하여야 한다.

(2) '소득세법 시행령' 제168조의 3 제1항 각 호의 어느 하나에 해당하는 지역 중 토지에 대한 투기가 성행하거나 성행할 우려가 있다고 판단되는 지역으로서 국토교통부 장관이 지정·고시하는 지역 안에서의 토지분할이 아닐 것(본항은 국토교통부 장관이 지정·고시한 경우에만 적용). 다만, 다음의 어느 하나에 해당되는 토지의 경우는 예외로 한다.

① 다른 토지와의 합병을 위하여 분할하는 토지

② 2006년 3월 8일 전에 토지소유권이 공유로 된 토지를 공유지분에 따라 분할하는 토지

③ 그 밖에 토지의 분할이 불가피한 경우로서 국토교통부령으로 정하는 경우에 해당되는 토지

(3) '국토의 계획 및 이용에 관한 법률' 또는 다른 법령에서 인가·허가 등을 받지 않거나 기반시설이 갖추어지지 않아 토지의 개발이 불가능한 토지의 분할에 관한 사항은 당해 특별시·광역시·특별자치시·특별자치도, 시 또는 군의 도시·군계획조례로 정하는 기준에 적합하여야 한다.

3-6-3 분할제한면적 미만으로의 토지분할

'건축법' 제57조 제1항에 따른 분할제한면적(이하 '분할제한면적'이라 함) 미만으로 분할하는 경우에는 다음 기준에 해당하여야 한다.

(1) 녹지지역·관리지역·농림지역 및 자연환경보전지역 안에서 기존 묘지의 분할

(2) 사설도로를 개설하기 위한 분할('사도법'에 의한 사도개설허가를 받아 분할하는 경우를 제외)

(3) 사설도로로 사용되고 있는 토지 중 도로로서의 용도가 폐지되는 부분을 인접토지와 합병하기 위하여 하는 분할

(4) 토지이용상 불합리한 토지경계선을 시정하여 당해 토지의 효용을 증진시키기 위하여 분할 후 인접토지와 합필하고자 하는 경우에는 다음의 1에 해당할 것. 이 경우 허가신청인은 분할 후 합필되는 토지의 소유권 또는 공유지분을 보유하고 있거나 그 토지를 매수하기 위한 매매계약을 체결하여야 한다.

① 분할 후 남는 토지의 면적 및 분할된 토지와 인접토지가 합필된 후의 면적이 분할제한면적에 미달되지 아니할 것

② 분할전후의 토지면적에 증감이 없을 것

③ 분할하고자 하는 기존토지의 면적이 분할제한면적에 미달되고, 분할된 토지 중 하나를 제외한 나머지 분할된 토지와 인접토지를 합필한 후의 면적이 분할제한면적에 미달되지 아니할 것

3-6-4 주변 토지이용 및 도로조건과의 조화

(1) 건축물을 건축하기 위하여 토지를 분할하는 경우 주변 토지이용 및 도로조건을 종합적으로 검토하여 주변지역과 현저한 부조화를 이룰 수 있는 과소·과대 필지가 되지 않도록 한다.

(2) 너비 5미터 이하로의 토지분할은 주변토지의 이용 현황과 분할되는 토지의 용도 등을 감안하여 토지의 합리적인 이용을 저해하지 않는 범위에서 허용한다.

제7절 물건적치

3-7-1 입지기준

(1) 관련 법규상 제한사항이 없는 지역

(2) 자연 생태계가 우수한 지역이 아닌 지역

(3) 당해 행위로 인하여 위해발생, 주변환경오염 및 경관훼손 등의 우려가 없고, 당해 물건을 쉽게 옮길 수 있는 경우로서 도시·군계획조례가 정하는 기준에 적합할 것

(4) 입목의 벌채가 수반되지 아니할 것

(5) 해당 산지표고의 100분의 50 미만에 위치한 지역을 원칙으로 하되, 안전, 경관 및 환경에 문제가 없다고 판단되는 경우에는 그러하지 아니하다.

3-7-2 환경 및 경관기준

(1) 적치물이 주변경관에 영향을 미칠 수 있는지를 검토하고, 특히 허가신청대상지가 문화재 등 경관상 인근 주요 시설물에 영향을 미치지 않도록 한다.

(2) 적치물의 높이는 10m 이하가 되도록 하되, 허가권자가 판단하여 안전·경관·환경에 문제가 없는 경우에는 그러하지 아니하다.

(3) 물건적치로 인하여 악취, 토질 및 수질오염, 홍수 등 자연재해로 인한 적치물 유실, 주변지역의 환경오염 등의 발생 우려가 있는지를 검토한다.

(4) 주요 간선도로변과 인접하고 있는 곳에서 물건적치를 하고자 하는 경우에는 도로변에서 시각적 차폐 및 경관문제로 인한 영향이 최소화 되도록 완충공간(녹지대 등)을 조성한다.

3-7-3 방재기준

(1) 물건적치로 인한 적치대상물의 유실 및 추락 등 위험의 발생가능성이 있는지를 검토한다.

(2) 자연재해 발생시 적치물이 주변지역에 피해가 발생되지 않도록 안전조치를 취하도록 한다.

(3) 폭 8m 이상의 도로 또는 철도부지와 접하고 있는 지역에 물건을 적치를 하고자 하는 경우에는 적치물은 도로로부터 적치물의 높이에 5m를 더한 거리를 이격하는 등 충분한 안전조치를 취하도록 한다.

제4장 비도시지역에서의 특정시설에 대한 추가적인 허가기준

비도시지역에서 숙박시설·음식점·창고·공장 및 전기공급설비 등의 시설에 대하여는 제3장에서 제시된 개발행위허가기준에 추가하여 아래의 기준을 적용한다. 허가권자는 영 별표 20 및 27에 의하여 계획관리지역 및 관리지역안에서 휴게음식점 등을 설치할 수 있는 지역을 정할 수 있다.

4-1-1 숙박시설, 음식점

(1) 하수처리시설 미설치 지역에는 숙박시설 및 음식점의 입지를 원칙적으로 제한한다. 다만, 상수원의 수질오염, 자연환경·생태계·경관의 훼손, 농업활동의 침해 등의 우려가 없다고 허가권자가 인정하는 경우는 예외로 한다.

(2) 건물의 형태 및 색채, 간판 및 광고물의 설치에 관한 사항은 도시계획위원회의 자문을 거쳐 허가권자가 정할 수 있다.

4-1-2 창고

(1) 도로변에 규모가 큰 건물의 입지와 주변과 조화되지 않는 지붕 색채로 인하여 경관이 훼손되는지 여부를 검토한다.

(2) 저장물의 부패와 훼손으로 인한 토양 및 수질오염, 위험물의 저장 등으로 인한 안전문제 등의 발생가능 여부를 검토하고, 창고시설의 설치는 상수원의 수질오염, 자연환경·생태계·경관의 훼손, 농업활동의 침해 등의 우려가 없는 지역에 허용한다.

(3) 창고시설은 도로변에서 이격하여 시각적 차폐가 최소화되도록 하

고, 도로변에서 창고시설이 쉽게 인지되지 않도록 창고시설 주변에 수목을 식재하도록 한다.

(4) 지붕 및 외벽의 색채에 대한 별도의 기준을 마련하고자 하는 경우에는 도시계획위원회의 자문을 거쳐 허가권자가 정할 수 있다. 별도의 기준이 없는 경우에는 가능한 원색은 피하고 주변의 수목 및 토양과 조화될 수 있는 저채도의 색채를 사용한다.

4-1-3 공장

(1) 토양 및 수질오염을 예방하기 위하여 공장은 상수원의 수질오염, 자연환경·생태계·경관의 훼손, 농업활동의 침해 등의 우려가 없고 하수처리시설이 설치된 지역에 허용한다.

(2) 공장은 도로변에서 시각적 차폐가 최소화되도록 하며, 대지경계부에는 공장시설로 인한 환경오염을 방지하기 위하여 일정폭 이상의 완충녹지를 설치하도록 할 수 있다.

(3) 지붕 및 외벽의 색채에 대한 별도의 기준을 마련하고자 하는 경우에는 도시계획위원회의 자문을 받아 허가권자가 정할 수 있다. 별도의 기준이 없는 경우에는 가능한 원색은 피하고 주변의 수목 및 토양과 조화될 수 있는 저채도의 색채를 사용한다.

4-1-4 전기공급설비

비도시지역(지구단위계획구역을 제외)에서 '도시계획시설의 결정·구조 및 설치기준에 관한 규칙' 제67조에서 정하는 전기공급설비를 도시·군계획시설이 아닌 시설로 설치하기 위하여 개발행위허가를 받는 경우에는 같은 규칙 제68조(허용 용도지역은 영 제71조 등에 의함) 및 제69조를 준용한다.

제5장 개발행위허가 도서작성 기준 및 이력관리

제1절 운영원칙

5-1-1 개발행위허가신청 도서작성 시 도시계획위원회 심의 적용여부에 따라 제출도서를 차등화하도록 한다.

(1) 도시계획위원회 심의를 거치치 않는 개발행위허가는 행정업무 부담 저감과 토지소유자의 원활한 재산권 행사를 보장하기 위해 제출도서를 간소화한다.

(2) 도시계획위원회 심의대상인 개발행위허가의 경우 도시적 차원에서의 정확한 판단과 계획적 개발을 유도하기 위한 계획도서를 작성하도록 한다.

5-1-2 개발행위허가 도서 작성시 책임 있는 계획을 수립하기 위하여 도서작성책임자가 허가신청 도서에 서명하고 날인한다.

제2절 도서작성 기준

5-2-1 축척의 표기

(1) 개발행위허가를 위한 각종 증빙서류를 제외한 계획도서(용도지역 및 도시·군 관리계획 현황도 제외)는 1/1000 이상의 축척을 사용하는 것을 원칙으로 하며, 반드시 축척을 표기한다.

(2) 계획도서의 축척은 계획내용의 파악이 용이하도록 가능한 통일한다.

5-2-2 도서의 제출

(1) 도서 제출 시에는 A3 좌측 편철을 원칙으로 하며, 계획도면은 제출용지에 따라 적절히 배치하도록 한다(필요시 별도 크기 도면 제출이 가능하며, A3 이상의 제출용지 사용 시 접지 제출).

5-2-3 재협의, 재심의 등 계획내용의 보완, 수정 등이 있는 경우에는 변경 전·후의 계획내용을 파악할 수 있도록 한다.

5-2-4 개발행위허가 신청서에 첨부되는 서류(시행규칙 제9조)의 세부 작성기준은 별표 1의 작성기준을 따르도록 한다.

(1) 심의제외 대상 개발행위허가 신청 시 [별표 1]의 1. 심의 제외대상 개발행위허가 신청 시 도서작성기준

(2) 심의대상 개발행위허가 신청 시 [별표 1]의 2. 심의대상 개발행위허가 신청 시 도서작성기준

5-2-5 개발행위허가를 받은 사항을 변경하고자 하는 경우에는 변경되는 사항에 한하여 도서를 작성하여 제출할 수 있다.

제3절 개발행위허가 이력관리

5-3-1 개발행위허가 관리대장 작성

(1) 허가권자는 개발행위허가의 투명성 확보 및 효율적 사후관리를 위하여 개발행위허가 관련 서류를 관리하는 대장을 작성하여 관리 한다.

5-3-1-1 개발행위허가 접수대장

(1) 허가권자는 개발행위허가 신청 접수 시 개발행위허가신청 내용과 처리일자, 처리결과를 기록한 접수대장을 작성하여 관리 한다.

(2) 개발행위허가 접수대장의 양식은 별표 2의 서식 1을 따른다.

5-3-1-2 개발행위허가 허가대장

(1) 허가권자는 개발행위허가가 이루어졌을 시 개발행위허가의 주요 사항을 기록한 허가대장을 법 제128조에 따른 국토이용정보체계에 입력·관리한다.

(2) 개발행위허가 대장에는 다음의 내용을 담아야 한다.

① 허가일자, 준공일

② 수허가자의 이름 및 거주지

③ 개발행위허가가 이루어진 토지의 위치 및 현황

④ 개발행위허가의 목적

⑤ 준공일

⑥ 개발행위허가 신청 관련 도서작성 책임자의 소속/기술등급/성명

1천만 원으로 하는 토지 투자

제1판 1쇄 2024년 11월 20일

지은이   김용남
펴낸이   한성주
펴낸곳   ㈜두드림미디어
책임편집   이향선
디자인   얼앤똘비악(earl_tolbiac@naver.com)

㈜두드림미디어
등록   2015년 3월 25일(제2022-000009호)
주소   서울시 강서구 공항대로 219, 620호, 621호
전화   02)333-3577
팩스   02)6455-3477
이메일   dodreamedia@naver.com(원고 투고 및 출판 관련 문의)
카페   https://cafe.naver.com/dodreamedia

ISBN   979-11-94223-31-3 (03320)

책 내용에 관한 궁금증은 표지 앞날개에 있는 저자의 이메일이나
저자의 각종 SNS 연락처로 문의해주시길 바랍니다.